ちくま文庫

アメリカの奇妙な話 1

巨人ポール・バニヤン

ベン・C・クロウ 編

西崎 憲 監訳

巨人ポール・バニヤン　目次

熊、狼、栗鼠《りす》など 133

ユーモアとトール・テール 161

アメリカの英雄たち 217

アメリカの奇妙な話　1

巨人ポール・バニヤン

都市伝説

「アーバン・レジェンド」つまり「都市伝説」はその呼称にもかかわらず、「都市」という概念とはさほど関係がないようで、舞台が現代であればたいていの話がその範疇に含められるようである。そのあたりを見て「コンテンポラリー・レジェンド」「モダン・レジェンド」などと呼ぶ研究者もいる。ただし、その現代性も、調べてゆくとそれほど厳密なものではないらしく、内容も犯罪から軽いジョークまで、多岐に渡っている。決して切れない電球の話であったり、切れ味がいつまでも落ちない剃刀の話であったり、ハンバーガーのなかの虫、チョコレート工場の大桶に浮いた死んだ鼠、子供が濡れた仔猫を乾かそうとして電子レンジに入れる話、毎年自分が死んだ日にヒッチハイクをして家に戻る娘の幽霊の話であったりする。

総じて話が流布するようになった理由は不明である。たとえば、ニューヨーク市のウォルドーフ・アストリア・ホテルでは「レッド・ヴェルヴェット・ケーキ」の秘伝のレシピを売っていて、その値段の法外さに怒ったある婦人が腹いせにレシピの内容を知りあい全部に教えた、という話が何十年にもわたってまことしやかに人々のあいだで言い交わされた。しかし、同ホテルのレストランのメニューにそんな品が載ったことは一度もないのである。

また、大手の家庭用品のメーカーであるプロクター・アンド・ギャンブル社の商標に関する噂も何とも不思議なものである。月と十三個の星と一人の男を描いた同社の商標は、創立者が成功を願って悪魔と取引をした際に、悪魔から強要された商標なのだ、噂はそう主張する。

こういう話もある。一九九三年の夏も終わりに近づいた頃、メンフィス州やテネシー州で奇妙なファックスが飛び交った。そのファックスの内容は、もし車でハイウェイを走っていて、ライトを付けていない車に会っても、自分の車のライトを点滅させて教えてやるな、というものである。その車は「ブラッズ」なるストリートギャングの乗っている車で、ギャングたちは入団の儀式として、ライトを消したまま道を走り、最初に合図した車に乗っている者たちを殺すということだった。

これらの都市伝説に意味を見いだすことは難しい。また、形態としてはよく似ているが、「語り」とは単純に比較できないようでもある。語りが娯楽であるのにたいし、都市伝説は娯楽という範疇には収まりきれないニュアンスを備えているからである。ではそれは一体いかなるニュアンスか。犯罪や殺人に関する都市伝説を例にあげると判りやすいかも知れない。そうした種類の都市伝説では悪意や危難が描かれるが、その悪意や危難は人間によってもたらされるものと言うより、人間の織りなす社会や文化の間隙から立ちのぼる瘴気、あるいは無意識の底に溜まった澱といったものであるように見える。それは人間の善や悪といったものの外にあるような、冷《ひん》やりとした感覚を備えている。無形の、あるいは無名の摂理、そういったものが都市伝説を生みだしている、といった印象、それが都市伝説を耳にする時、我々が畏怖に近い感覚を覚える理由であるのかもしれない。

「真ん中の男」「消えた客室」などもそうした思いを誘う話である。しかし、一方、都市伝説のなかには「エミリーのニューヨークにおける冒険」のような微笑ましい話もある。エミリーの仔猫の話の類話は現在でも多くの人々が嬉々として語っているようである。

真ん中の男

深夜の一時になろうかという時分だった。地下鉄のタイムズ・スクエア駅でハリー・ウエッスンはワシントン・ハイツ行きの電車に乗った。ハリー・ウエッスンは眠気に襲われていたので、周囲にあまり注意を払わなかった。しかし車両にはほとんど人が乗っていないこと、それから反対側の席にすわっている初老の婦人が自分にあからさまな非難の眼差しを向けていることには気がついた。何故だろう？　確かに少し飲んでいる。それは間違いないが、それでもあんな目で見られるほどでは——。

ウエッスンのぼんやりとした思考の流れは電車がつぎの駅に止まって、三人の男たちが腕を組んで乗りこんできた時、断ち切られた。老婦人の内心が推測通りだとしたら、やはり酔っぱらっているらしいその三人にたいして老婦人がウエッスンに向けたような不興の顔を見せたのも無理はないと思われた。老婦人の視線のせいか、あるいはほかに理由があったのか、三人は婦人の横にすわった。三人のうちの二人がウエッスンのほうをじっと見た。真ん中の男は誰かを凝視するには酔いすぎているように見えた。真ん中の男をはさんで両側の二人は話をした。二人の話している言葉はどうも外国語のようだった。ウエッスンには何を話しているのか一言も理解できなかった。しかしウエッスンは何となく二人が自分のことを話しているような印象を覚えた。何か妙な感じだった。しかし、まあ別段気にするほどのことでもなかった。

五十九丁目駅で、数人降りていった。新たに乗ってくる者はいなかった。ウエッスンは車両のなかにいるのが、自分と年配の婦人と三人の男だけになったことに気づいた。婦人は何となく落ちつきを失くしているように見えた。真ん中の男は泥酔していた。両側の男は相変わらず理解のできない言葉で会話していた。二人が自分のことを話しているのではないかと、ウエッスンはまた思った。電車が七十二丁目駅に近づき、速度を緩めはじめた時、初老の婦人は勢いよく立ちあがって、ドアのほうに向かった。婦人はウエッスンの前を足早で過ぎようとしていた。

「一緒に降りるんですよ、お若い方」年配の婦人は小声で言った。「言う通りにしなさい」

いったいどういうことかと、面食らいながらも、ウエッスンは婦人の言葉に従った。ドアが閉まって電車が動きだした時、プラットフォームのウエッスンは苛立ちを覚えながらも言った。「お困りのようですね、何か僕にできることはありますか、マダム?」

初老の婦人はその言葉を聞いて少し笑った。

「お若い方、何かしてあげたのは、たぶん私のほうね。気がつかなかったかしら。真ん中の男は死んでいたんですよ」

以上の話の根幹を成している部分はもう何十年もニューヨーク近辺で話されてきたものである。骨子となる要素はあまり変わっていない。もちろん、しばしば、ウエッスンの代わりに若い娘が登場したり、老婦人が老紳士であったり、その種の登場人物の変更はある。謎の部分は決して明らかにされることはない。数年前、故アレキサンダー・ウルコットが『ニューヨーカー』誌にこの話のことを書いている(登場人物は若い娘と老紳士であった)。三週間後(一九三〇年三月十五日)ウルコットは同誌の読者に報告すべき事実を得て、同じ話題を採りあげている。以下はその補遺というべき記事である。

「貴兄は若い女性と地下鉄の死人の話を充分に年代を遡って追っていないようだ」と、私の尊敬すべき読者エドマンド・ピアスンは手紙に記している。彼はまもなくハーヴァード大学で殺人について講じることになっている人物である。「あの話の初期の形のほうが(申しわけないが)面白味においては勝るだろう。貴兄と小生をニューヨーク中の年配の紳士のなかで一番魅力的だと評してくれる小フィンレー・ピーター・ダンは昔のことにはひじょうに詳しくて、氏と話していると私はよく遠い一八二五年のブロードウェイの甘美な宵闇のなかをワシントン・アーヴィングやフィッツ＝グリーン・ハレックと一緒に重唱曲《グリー》を歌いながら闊歩した気分になったものだ。さてそのダン氏はおそらく貴兄が一九〇二年頃の『ブックマン』誌に載った気味の悪い話を採りあげなければおそらくはショックを受けることだろう。あの頃の『ブックマン』誌はハリー・サーストンとアーサー・モーリスが編集していて最高に読みでがあった――今この一九三〇年の同誌がちょうどそうであるように」

「この話はただの作り話に過ぎない。酷い吹雪に見舞われた五番街をかなりがたのきた乗合馬車が苦労しながらゆっくりと走っている。あたりはずいぶん静か。雪はもう踝を埋めるくらい積もっている。そんななかワシンントン・スクエアに住む中年の夫婦は観劇に出ていた――二人が行った劇場は三十八丁目か四十丁目といったあたりだろうか。二人は客のいない乗合馬車に乗りこんだ――『ライフ』誌によく載っていた当時の乗合馬車と痩せた馬のカリカチュアのことは記憶に鮮明に残っていることと思う。馬車のなかには藁の敷物が敷いてあって、御者はまるで箱のなかにいるように見えた。そして、やたらに煙の出る油を使ったランタンが馬車の前面に付いていた。それから、料金を入れる錫の箱。客は降りたいところで車内の紐を引くと御者がドアを開けてくれることになっていた」

「中年の男とその妻を乗せた乗合馬車は雪のなかをゆっくりと走り、やがて——たぶん二十二丁目あたりで——三人の乗客を乗せた。両側の男は若く、真ん中の男を二人で支えていた。両側の二人は真ん中の男をジムと呼び、しゃんとしろと言った。けれどジムは酒を飲み過ぎているらしかった。刺激的な八〇年代の言い方で言えば、ジャグ《へべれけ》という状態で、ジムは一人では何もできないように見えた。番地がまた少し若くなった頃、男の一人がまたジムに向かってしゃんとしろと言い、背中を叩いてから馬車を降りていった。そしてそこからまた少し走ったところで、残った一人がジムに同じ言葉を掛けて、馬車を降りていった。ジムは相変わらず何も喋らなかった。相変わらず押し黙ったままで、相変わらずだらしない恰好ですわっていた。先客の中年の男は身を乗りだして、泥酔した男を見た。そして急に立ちあがって、紐を引いて御者に合図を送り、妻に言った。

「ここで降りるぞ」夫はさっさと馬車を降りた。怒ってぶつぶつ言いながらも妻はそれにしたがった。馬車は去り、二人は吹きつける雪のなかに残った。十四丁目の角だった。妻は夫に気が狂ったのかと訊ねた。家はまだ七ブロックも先だ、自分をこんな吹雪にさらさせるなんて、いったいどういうつもりだ。夫は言った。「あの、若い男を見たか」

いや、見ていない、それが何の関係があるのか。「関係があるとも、あの男は喉を深く切られていた。首が今にも転げ落ちそうだった」

Ben C. Clough［西崎］

消えた客室

消えた客室の話の舞台はパリである。しかし二人の主要な登場人物はアメリカ人なので、アメリカで作られた話であるという推測が——そうだとしても何の不思議もないだろう——なりたつかもしれない。いずれにせよアメリカでもう何年も前から話されていることは確かである。何年も前から——少なくとも四十年以上前から流布しているようで私がこの話を聞いた時（二十年以上前で、場所はヴァーモントだった）話し手は問題の出来事が起こったのはパリ万国博覧会が開催されていた時だと明言した——一九〇〇年の博覧会である。しかし話し手によっては一九二五年の博覧会の時の出来事だと言う者もいる。告白せねばなるまいが、私自身は一九三一年の植民地博覧会の時に起こったことにして話してきた。

フランス語をほとんど話せない二人のアメリカ人女性がある夜パリに到着する。二人は母と娘である。彼女たちは地中海を周遊してきた後で、カイロから（あるいはコンスタンティノープルから、もしくはベイルートから）マルセイユを経由してパリにきたのだった。二人は疲れているようで、ことに母親のほうは病気にかかっているように見えた。ホテル（コンティネンタル・ホテル、クリヨン・ホテル、あるいは無名の小さなホテル）に着いた時、母親の病状は憂慮すべき状態になった。ホテルの従業員は二人をいかにも居心地の良さそうな部屋に（真紅の壁紙だけは悪趣味に思えたが）通した。不安に駆られた娘は従業員から医者の住所を聞きだした（なぜ電話をしなかったのかということについては、この話が少なくとも一九〇〇年まで遡ることを思い起こして欲しい）。娘は自ら馬車に乗りこんだ。街は人で溢れていて、何に拠らずこの街から便宜を得ることは難しそうなので、自分の口から窮状を訴えることが必要だと感じたのである。

馬車はみすぼらしく、馬は遅く、御者は間抜けだった。それに教えてもらった住所には間違いがあったようだった。ようやく目的の場所に着いて、ベルを鳴らしたが、誰も出てこなかった。混乱しきった娘は御者に医者を探してくれと懇願した――医者だったら誰でもよかった。あまりにも時間を無駄遣いしすぎていた。

しかし、時間はなおも無益に費やされなければならなかった。御者はしばらく当惑するだけだったたからである。しかし、それでも彼はついに明らかに下層と知れる地区まで馬車を走らせ、自分のかかりつけの医者の住居を訪れた。そして娘は首尾良く医者を伴ってホテルに戻ることができた。

ここから話は悪夢的な様相を帯びてくる。娘がホテルの従業員に母親の容体を尋ねると、従業員は奇妙な顔をする。そしてこう言う。

「でも、お客さまは一人でいらっしゃいましたが」

どうにも納得のできることではなかった。恐慌に囚われた娘は急いで部屋のある階に上がった。鍵はちゃんと手元にあった。医者が駆け足で彼女に従った。ドアが開いた時、医者は彼女の体を支えなければならなかった。

「違う、ここはさっきの部屋じゃない」

確かに壁紙は灰色で、家具の色も記憶にある落ちついた色ではなく白と金だった。ベッドやテーブルや暖炉の位置も違っていた。しかし部屋の番号と鍵は変わっていなかった。ホテルの従業員を呼んで、これは自分たちが泊まる予定だった部屋ではないと娘は抗議した。

「お母さんは何処なの？　何処へいったの？」

その疑問に答える者はいなかった。ホテルにいた者は誰も娘の母親を見ていなかった（あるいは、見ていないと言った）。二人を最初にホテルまで乗せた馬車は（後期の形ではタクシーになるが）見つからなかった。警官が呼ばれた。警官は親切で努力を惜しまなかった。しかし手がかりは見つけられなかった。娘は卒倒した。永く病んだ後、彼女は謎が以前より深まっていることを知った。しかし彼女は挫けなかった。そして、ついに部屋が——それは十三号室だったかもしれない——医者を探していた二時間のうちに壁紙を張り替えられ、調度にも手が加えられたことを立証した。彼女は最初から最後まで計画的に騙されたのである。母親は死んでいて、もう葬られている——しかし、どうやって？　それに何処へ？

ここで話し手は聞き手に推測を述べることを許すかもしれない。聞き手の推測が的外れなものだったら、話し手は母親が東洋からやってきたということを思い出させるかもしれない——。

もちろん、母親は腺ペストだったのである。そしてもちろん娘が医者を探しているあいだに、母親はホテルの部屋から急いで連れ去られたのである。博覧会で賑わう街を混乱に陥れることはとうてい考えられなかったのである。部屋は記録的なスピードで改装を施された。ほかの点はみな話し手の好みと想像力に任されている。ヴァリエイションは無数にある。現在では馬車はタクシーになっているし、電話をうまく組みいれたヴァリエイションすらある。ホテルはパリの市中を転々とする。二度目に娘が部屋に入った時、奇妙な匂いが漂っていることもある——消毒薬と香水の混じったような匂いだろうか。秘密はある時はアメリカの外交官の手によって暴かれる。またある時は娘の婚約者によって。また、隠蔽した側の誰かが真相を告白することもある。

ともあれ、これは説話である。古い形を残したものを語ってくれた故アレクサンダー・ウルコット[注1]は一九一一年のロンドンの『デイリー・メール』紙で読んだそうだし、一八九九年の『デトロイト・フリー・プレス』紙でも見たそうである。起源がどうであるにせよ、今では口承で伝えられるアメリカの説話であるといっていいだろう。

Ben C. Clough［西崎］

［注1］ *While Rome Burns*, 1934.

消えたレモンパイ

「編集局長」とわたしは打電した。「レモンパイ・レディーは間違いなくおります。でも、絶対に見つけられないでしょう。社に帰りましょうか。それとも、まだ続けたほうがいいでしょうか」

命じられた仕事は終わろうとしていた。始まった時と同様に、わたしを恥じ入らせて。いわゆる芸能記者のような立場に置かれることをわたしは好まない。第一面を際物で埋めるのはごめんだ。

わたしの仕事は新聞の記事を書くことである。投機めいたことは願い下げである。だからケンプ氏にこんな仕事を、奇事異聞を網羅したような本でも読んだことがないようないい加減な話を、言い渡された時のわたしの憤懣がいかばかりだったか、おわかりいただけると思う。

編集局長のケンプ氏は社主でもある。『メトロポリタン』紙における七年で彼と話したことが二度あった。「今晩は」と「お休みなさい」を言った時だ。ある企画のためにと、ケンプ氏直々の指名で呼び出された時、わたしは確かに天にも上る気持ちになった。しかし、それが単独行の上、映画記事を書くにも等しい仕事だとわかった時には、実に腹が立った。

「ボブ」ケンプ氏は言った。「大衆は戦争、戦争でうんざりしている。我々に必要なのは人間的色づけだ。教科書でいうところの人間的興味《ヒューマン・インタレスト》という奴だ。それもスケールが大きいもの、深遠、かつ的を射たものでなくちゃいかん。強烈な人間味がある記事だったら、時には戦争を見出しから押しのけて、一面を飾れるというものだ」

　わたしはいかにも頭が良く見えるように振る舞い、歯ごたえのある仕事をまかせてもらおうとした。しかし、わたしが受け取ったのはメレンゲだった。

「レモンパイ・レディーがまさに打ってつけの題材だ」ケンプ氏は言った。「レモンパイ・レディーの話は全部知ってるだろうな」

「はい」わたしは答えた。「兵隊たちがある婦人に八ドルばかりの金を渡してくれと、国へ帰る記者に頼んでいるそうですね。その婦人は、どこやらのパン屋で戦争について不平を言った婦人の顔に、クリームたっぷりのパイを叩きつけたのだとか。アメリカの少なくとも六つの大都市で、この話が報告されているそうですが」

「きみはそのパイ事件が起きたことも、その婦人の存在自体も信じてはいないようだな」ケンプ氏は言った。

「ええ、編集局長、信じていません」わたしはその通りであることを認めた。

「それは、気の毒だ」ケンプ氏はのんびりと言った。そしていかにも新聞業界の大立者といった物腰で御託宣を下した。「運が悪かったな。そんなきみが彼女を見つけなきゃならんとはな」

必要な経費は使っていい、記事をものにしろ、という指示を与えられ、わたしはケンプ氏の部屋からよろめき出た。『メトロポリタン』紙では経費を使うのは自由だが、立て替えた分を返してもらうには経理部を拝み倒さなくてはならない。わたしはカンザスシティーに向けて出発した。

西へ向かう列車の中、わたしは二人の水兵に挟まれ、二人の海兵隊員の下敷きになりながら、通路に置いた旅行かばんの上に座っていた。一晩中、酒を飲もうとする乗客や飲み過ぎた乗客に踏みつけられて、わたしは心を決めた。もう、たくさんだ。

これまでどんな編集者も手にしたことがないくらいに画期的で名調子、扇情的で受賞ものの、いんちき中のいんちきのでっち上げを、ケンプ氏に捧げてやることにした。そうとも、とわたしは自分に言い聞かせた。編集局長には当然の報いだ。局長のお望み通りではないか。

だが、習慣とはおかしなものだ。でたらめの記事を書く時でさえ、いつものように取材をせずにはいられなかった。ほら話に地方色を添えるために、わたしはカンザスシティー中のパン屋をまわった。

そうしたらどうだろう。例の事件が起きたというパン屋に、どんぴしゃり行き当たったのである。紛れもなく、疑いもなく、問題の余地もなく。

パン屋は詳しい説明をしてくれた。犠牲者となった婦人はお得意さんで、パイ投げがあったことも事実だと明言した。常連のなかの少なくとも二人がその場面を見ていて、話を裏付けてくれた。

パイ顔夫人はその話をしたがらなかったが、自分の顔にレモンパイが投げつけられたことは認めた。パン屋と二人の目撃者の話では、パイ顔夫人が銃後の苦労の事で何か不平を言っていたら、予告もなしにレモンパイ・レディーが、婦人の顔にまともにパイを命中させたということだった。

自分で言うのもなんだが、わたしは素晴らしい記事を書いた。わたしが構想を練っていたほら話に匹敵するほどの出来だった。内容に関しては、むしろこちらのほうが、信じがたかったのだが。ケンプ氏は数日の間、わたしの記事を保留していた。それから紙面にちょうど良い空きを見つけて、第一面にでかでかと載せた。必要経費は弁護士の手を煩わせることなく承認されることになった。何もかも恐ろしいくらい結構ずくめだった。

とりわけ恐ろしかったのは、ケンプ氏にもっともっと記事を書くように急きたてられたのに、書くべきことがもう何も残っていないことだった。わたしは捨て鉢になって、同様な事件が報告された他の街を取材した。

すると、ソルトレイクシティーでわたしはまた快挙を成し遂げた。というより、彼女がまたやってくれた。信じられなくても無理はない。わたしだって信じられなかった。だがすでに周知のように、通信社が『メトロポリタン』紙のわたしの記事に興味を持ち、隅から隅まで調べている。パン屋もわたしの話を裏付けてくれたし、ニュース映画に出たソルトレイクシティーのパイ顔夫人を見た者はいんちきではないかと思うより先に、笑っていた。

今やわたしは苦境に陥ってしまった。レモンパイ・レディーに関する一切は、国中の耳目を集める関心事になったのだ。「レモンパイ・レディーを探せ」とケンプ氏の電文は絶叫していた。うんざりしながらも慎重に、わたしはまたもやメレンゲをたどる旅に出た。

戦時中の三ヶ月にわたる鉄道旅行の間、わたしは偶然に訪れた三つの大都市で一つずつ、問題の婦人の足跡を確認した。しかし、知れば知るほど訳が分からなくなってしまった。そしてある日、わたしの脳裏にひとつの考えが浮かびでた。冷水を浴びせられたようなショックとともに。

ある質問をしながら、わたしは訪ねたところを調べ直してまわった。それが済むと、最新の記事を送った。同時に最後になるはずの記事を。それから編集局長に電文を打った。

「編集局長」と、わたしは記した。「レモンパイ・レディーは確かにいます。でも、彼女は絶対に見つかりません」

「わたしは、カンザスシティーからゴールデンゲートまで、シアトルからマイアミまで、ニューオーリンズからセントポールまで、メイン州のポートランドからオレゴン州のポートランドまで探しました」

「レモンパイ・レディーがそこにいたと皆は言い、立ち去ったと言います——けれど、決して実際にいたためしはありません。彼女は膨大な数のレモンパイを投げました。レモンクリームパイです。でも、それを投げたというパン屋で買ったのではありません。なぜなら、ことが起こったパン屋はどこもレモンパイを作っていなかったからです」

「編集局長、真珠湾以来、誰もこうしたパイを作ってはいません。砂糖の使用は規制を受けているのです」

「編集局長、わたしが言わんとしていることはおわかりだと思います。フォッグアイランドの精神障害や神経症患者のための施設に収容される羽目にはなりたくないので、最後までは言いません。でも、レモンパイ・レディーを見つけるのは、伝説の巨人ポール・バニヤンを見つけるのと同じくらい困難でしょう」

「戻りましょうか、編集局長、それともわたしの辞表をお望みですか」

George Marion: *Newspaperman*, January 1946.［金井］

真珠の首飾り

「真珠の首飾り」の話は、国中のあらゆる大きな百貨店で起こったこととして、一時期さかんに語られた。しかしながら大抵の語り手は、「自分のいとこ」が経験したことだと、むきになって主張するのだった。

ある婦人が娘と一緒に五番街を散歩している。ちょうどティファニー宝飾店の前にさしかかった時、娘が身につけていた真珠の首飾りの糸が切れて、真珠の珠が通り一面に散らばる。娘はそれを拾い集め、ティファニーへ持ち込んで糸を通してもらおうと言う。「こんなものの修理をティファニーのような店に頼めないわ」と母親は反対する。「だってね、この首飾りはブランク百貨店でたったの十二ドル九十八セントで買ったものなのよ」そう言いつつも二人はティファニーの店内に入る。修繕コーナーの係員は解《ほど》けた首飾りを一目見るなり、ちょっとお待ちくださいといって奥へ去り、やがて総支配人とともに戻って来る。総支配人は、驚いている婦人に五万ドルを差し出して、首飾りを買い取りたいと申し出る。

どういうことなのかって？　ブランク百貨店の社長は、宝石売り場のバーゲン用商品として安物のイミテーションを輸入する時、妻のために本物の真珠を一連紛れ込ませて密輸したのだ。ところが本物の真珠に付けられていた特別の印が取れてしまって、他のものと混ざってしまったというわけである。ティファニーに首飾りを持ち込んだ正直な婦人がそれをブランク百貨店に返して、女店員の疑いを晴らした。女店員は自分の身を飾る目的で真珠を盗んだとして、社長に追及されていたのだ。

もちろんこのような話は現実の生活でも起こり得ることだ。確率は四千対一というところが妥当だろうか。

From Bennett Cerf: *Try and Stop Me*, 1944.［竹迫］

エミリーのニューヨークにおける冒険

どうやらこの三つの話の生命力はきわめて旺盛なようである。思いだせる限り、週に一遍はどれかが私のもとにやってくる。これらの話にはつねに学者たちが信頼するに足る細部と呼ぶ付属物がふんだんに添えられている。いま手元にあるものは、先週の火曜日にペラムの邸に住んでいる寄稿者のいとこの身に起こったということになっている。また、もし編集者が話の真実性を疑うなら、本人に確認を求めても構わないと寄稿者は述べている。

一、先週の火曜日、エミリーの飼っていた猫が死んだ。猫の死骸をどうするか、さんざん悩んだあげくエミリーは死んだ猫をボール紙製の靴の箱に入れて、ニューヨークの街に出た。最初に見かけたごみ箱に捨てようと思ったのである。けれどごみ箱を見つける前に、一人の男が足早に近づいてきて、エミリーの手から靴の箱をひったくると、一目散に逃げていった。

二、新しい帽子をかぶったエミリーは昼食を食べようとあるしゃれたレストランに入った。席に落ちついて、前のほうを見ると、自分の帽子とまったく同じものをかぶった婦人の姿が目に飛びこんできた。視線があったので、エミリーは自分の頭を指さして、嘆かわしいといった顔をして見せた。その婦人はただびっくりしたような表情を浮かべ、急いで目の前の料理を食べ終えると、慌てたようにレストランを出ていった。その後、化粧室へ行ったエミリーは自分の姿を鏡で眺めた。そうして自分がその日帽子をかぶってこなかったことに気づいた。

三、エミリーは葬式に参列するために五番街に並ぶ大きな教会のひとつに行かなければならなかった。少しばかり早く着きすぎたので、サックスに行き、花飾りのついた小さな帽子を買った。教会へ行くと入り口にいた男から帽子の包みを渡すように促された。エミリーはそれが五番街の厳格な教会の決まりだと思い、帽子の包みを手渡した。葬式は滞りなく進み、やがて棺が運ばれてきた。棺を覆った花飾りのついた種々の供物の一番うえに載っていたのは、さっき買ったばかりの帽子だった。

From Russell Maloney: *It's Still Maloney, or Ten Years in the Big City*, 1946.［西崎］

インディアナのベル

1

もしも雇った男と揉めることさえなかったら、もしも火事さえなかったら、ベル・ブリンヒルデ・ポウルサッター・ソレンスン・ガネスは今日に至るまであの仕事を続けていただろう。たいそうな儲けにもなり、決してつまらない仕事ではなかったはずだ。ベルはきわめて人付き合いの悪い女で、人前に姿を現すことはほとんどなかった。一九〇八年四月二十八日、インディアナ州ラ・ポルテ近郊の彼女の家が丸焼けになるまで、彼女の名前は事実上世間に知られていなかった。彼女と親しいと言いながら、あとになって自分の言葉に身震いした、一握りの人々以外には。

ベルがラ・ポルテに現れたのは一九〇一年。そのときの彼女は、前の年に二人の子供と生命保険の八千ドルを残して逝ったマッズ・ソレンスンの未亡人だった。彼女はイリノイ州にあるソレンスンの家を売却して、さらに五千ドルを手にしていた。経済状況は充分安定しており、ラ・ポルテから約一マイルのところに四十八エーカーの農場を購入し、自分の子供二人と、もうひとり、アントン・オルスンという男の娘ジェニーを伴って移り住んだ。

一九〇一年のその年、ソレンスン未亡人は四十二歳だった。近所の人々は彼女を「いかつい」と評したが、それでも的確さの点では少し物足りないだろう。身長は五フィート七インチ（約一七〇センチ）、体重は二百ポンド（約九〇キロ）で、そのほとんどが筋肉という体つきだった。家財道具が農場に到着したとき、彼女が重いトランクや木箱などを軽々と持ち扱う姿を見て、トラックの運送業者たちは目をむいた。運送業者の一人などは——たぶんその日は少々飲んでいたのでもあろうが——未亡人は大きなアップライト・ピアノを玄関先からひょいと持ち上げ、助けも借りずに玄関脇の部屋へ持ちこみ、まるで卵の入った籠を置くように、そっと床におろしたと言っている。「わたしは音楽のある家庭が好きなのよ」ベルはにっこり笑ったそうだ。

「あのピアノ、ゆうに三百ポンドはあったぜ」あとになって、運送業者は畏怖の表情でそう言った。

隠遁めいた生活だったが、ソレンスン未亡人が農場の運営に熟達していることは、すぐに近所の人々の知るところとなった。干草を積み上げ、搾乳し、牛や豚を自分でつぶして肉をラ・ポルテの市場へ売りに出したのである。彼女が未亡人でいる期間は短かった。どのようにして巡り合ったのか定かではないが、一九〇二年四月、彼女はノルウェー人のピーター・ガネスと結婚した。ガネスは気さくで正直な男だったらしく、じきに近隣の農家の人々に好かれるようになった。しかし、ピーターがこの世にいたのは、そう長くなかった。十二月、たった七ヶ月間の蜜月の後、ガネス夫人の説明によれば、ソーセージ用の粉砕器が棚から落ちて頭に当たり、死亡したのである。

棚がぐらぐらしていたかどうかなど、いまさら詮索しても、もちろん仕方のないことである。ラ・ポルテの検死官が呼ばれた。のちに検死官は、ソーセージ用の粉砕器の件を「少々奇妙に感じた」と告白したが、そのときは、ピーター・ガネスを事故の犠牲者であると、正式に認めた。

以後ベル・ガネスと呼ばれる未亡人が、不可解な落ち方をしたソーセージ器のおかげで、四千ドルの保険金が下りて喜んだことは言うまでもない。とはいえ、彼女の生活は相変わらずつましく、むしろ爪に火を灯すようだった。また、四十三歳という年齢にしては、一風変わった状況にあったことも、はっきりしてくる。フィリップと彼女が名づけた息子は一九〇三年に生まれた。その他に前の結婚でもうけたルーシーとマートルというふたりの娘がおり、さらに彼女は、ジェニー・オルスンも養育していた。

後になるまで——取り返しがつかないほど後になるまで——誰も知らなかったことだが、ベル・ガネスは結婚情報誌を購読していた。早い話が、そういった情報誌に広告を出していたのである。彼女は、当時の習慣どおり、夫として希望する条件をそこに並べ、また、慎み深いたちではなかったので、自分の性格や能力も書き並べた。ベルが望んだのはスカンジナビア系の男、できればノルウェー出身の男だったようである。正直で親切な人、愛らしい働き者の未亡人が切り盛りする、小さな農場の抵当を抹消してくれる人、が彼女の希望だった。望ましい男としての、「正直で親切」のくだりは見て見ぬふりをしてもよかろうが、抵当の抹消は有無を言わせぬ条件だった。「浪費家は遠慮願います」と広告には冷たく書いてあった。

この時期のベルは、写真で見るとずんぐりして骨太の頑丈な女である。裾の長い、ちょうちん袖の簡素なドレス、いわゆるギブソン・ガール風のドレスを着て、顔はきわめて鈍重でぼってりしている。写真で見るかぎり、数多の男を抗いようなく惹きつけたという彼女の魅力がどこにあるのか、説明するのはかなりむずかしい。「不器量」という言葉さえお世辞に思えるほどである。しかし、この写真が甚だしく出来の悪いものだったのかもしれないし、あるいは生身のベルの魅力は、写真などには表れない類のものだったのかもしれない。

ガネス氏が亡くなって程なく、ベルは農場を手伝ってくれる男を雇った。とはいえ彼女自身も、数多く飼っていた豚をつぶしたり、菜園の手入れをしたりしてせっせと働いた。雇い人は次々に入れ替わった。まったく突然に入れ替わったこともある。しかしどの雇い人も、ベルの生活に深く関わることはなかった。ずっと後になって、最後から二番目の雇い人が来るまでは。

一九〇六年になると、ミネソタ州エルボウ・レイクから、ジョン・ムーという男がベルの農場にやってきた。ジョンは、年のころ五十歳前後、地方都市の人らしい服装をすっきりと着こなした、がっしりとして見栄えのよい男だった。彼もノルウェー出身だった。結婚を願っており、ベルが幾つかの結婚情報誌に出した広告のひとつに心を惹かれたのである。彼は、結婚相手の農場の「抵当を抹消する」ために一千ドル持参した。

近隣の人や農場を訪れた人には、従兄弟のジョンと紹介された。一週間ぐらいの間だろうか、毎日、農場で彼の姿が見受けられた。そしてある日、彼の姿が消えた。三十五年前のことである。以後、ジョン・ムーの姿を見た者はいない。

ジョン・ムーの姿が消えたのとほとんど時を同じくして、ミズーリ州の北西部にあるタルキオという村からジョージ・アンダースンという男がやってきた。ジョージも、ピーター・ガネスやジョン・ムーと同じノルウェー出身だった。ミズーリの人間は疑い深いとよく言われるが、ジョージ・アンダースンもミズーリに住んでいたせいか、ベルのところへはあまり巨額の金を持参してこなかった。

金を持参しなかったことを、どんなに喜んだことか。彼はずっと後になって、そのわけを説明した。

アンダースンは、結婚情報誌に載ったベルの自己紹介に惹かれ、結婚を目指して長途ラ・ポルテにやってきた。ベルは、定石どおりの挨拶とおしゃべりの後――この時にはすっかり挨拶とおしゃべりが上達していたにちがいない――さっそくちょっとした抵当権抹消の話を持ち出した。野性的なベルの魅力に心底惹かれたアンダースンは、手付金とでもいうべき金を取りにいちど実家にもどってから結婚しようと、真剣に思った。

ところが、農場を訪問して間もないある日のこと、彼は真夜中にふと目を醒ました。「冷や汗がどっと出た」のを彼は覚えている。ろうそくの炎をかざして彼に覆い被さり、彼の顔を射すくめるように見つめるベルの顔がそこにあったのだ。ベルがそもそも何をしようとしていたのか、アンダースンにはぜんぜん思い当たらなかった。未来の花嫁の、普段の落ちついた顔、落ちついた眼差しとは打って変わった怪異な形相に、ジョージは仰天し、思わず叫び声を上げた。ベルは部屋から走り去った。ジョージも、服を着るのもそこそこに部屋を逃げ出し、ラ・ポルテ駅まで徒歩で辿りつくと、ミズーリ州タルキオ行きの列車に乗った。

アンダースンが去ってから次に結婚目的の男たちが現れるまで、無風状態とも小休止ともいうべき期間がしばらくあり、それからふたたび男たちの来訪が間断なしに繰り返されたと思われる。確かなことは知る由もないが、ともかくベルが時間を無駄にすることはなかった。彼女は結婚情報誌に載せる広告の文面を変えた。その一方、少々頭の弱いフランス系カナダ人の若者を雇い入れた。若者はフランス系の名前でレイ・ラムフェールといったが、まもなく、わかりやすいレイ・ランフィアという名前に改名した。彼とベルとの間に、雇い人以上の関係があったかどうかは明確ではないが、その後の出来事で明かされるように、二人の関係はかなり興味を引くものである。

ランフィアが農場に住み込みで働くようになるちょうどその前後に、アントン・オルスンの十六歳になる娘のジェニーが、ベルに養育されていたジェニー・オルスンが消えた。「消えた」という表現は、この時点では大げさすぎたかもしれない。というのも、ベルは近隣の人々に逐一話していたからだ。「ジェニーはカリフォルニアに行き」、そこの学校に通っている、などなど。一九〇六年の真夏に、ジェニーがどこかに行ったのは事実である。三十五年前のことである。以後、彼女の姿を見た者はいない。

抵当権が抹消されたとおぼしき、この無風状態の時期あたりから、ベルは近隣の人々の間で、なにやら謎めいた女と思われはじめていた。ラ・ポルテの運送会社の運転手たちは、夜のあいだに、ガネス農場に運んだ幾つかのトランクのことを覚えている。運転手のひとり、クライド・スタージスは、ある夜、縄でしっかり縛った重い大きなトランクを農場に運んだ。スタージスはトランクを車から下ろし、いつものように親切心から、ナイフで縄を切ってあげようとした。するとベルが「何をするのよ！」と金切り声でくってかかった。「このトランクはわたしが片付けるから」と言ったかとおもうと、まるでマシュマロの入った箱のようにトランクを軽々と持ちあげ、家の中に運びこんだ。

謎のトランクの件以上に謎めいていて、人々の噂にのぼったのは、長い期間、ベルが昼も夜も家の鎧戸を固く閉ざしていたことである。ベルはまた、納屋のあたりとか、地所の片隅の、幅五十ヤード、長さ七十五ヤードほどの一画のあたりをひとりでうろついているのを、夜遅く出歩いた農家の人々に、たびたび見られていた。彼女がうろついていた一画は、そのころ、八フィートの高さの、目の細かい堅牢な金網の柵で囲われていた。囲いの入り口は固い樫の木で頑丈に出来ていて、噂によればいつも鍵が掛かっており、ベルだけが鍵を持っていたそうである。

貯蔵庫もまた、豚をつぶす季節以外は鍵が掛かったままだった。近所の住人がひとりふたり、ちょうどその季節にベルの家を訪れ、たまたま貯蔵庫のほうにまわって行ったことがあった。ベルは腕まくりをし、ナイフや肉切り包丁を振り回し、まるでスウィフト社かアーマー社（いずれもアメリカの有名な食肉生産加工会社）の工場の、一番の職人のようだった。貯蔵庫は作業しやすいように設備が万全に整えられていた。十二インチもの厚さの堅い木でできた長い作業台があり、煮沸用の大きな桶があり、桶の真上の天井に釣り鉤と滑車があった。壁面には、熟練の専門家用の刃物用具一式が皮紐で留めてあった。

来訪する人の流れがとぎれた時期は――そういう時期があったとすればだが――一九〇七年の四月に終わった。うららかな春のある日、ノルウェー生まれでウィスコンシン州ワオパカ郡のイオラに長年住んでいたオル・バズバーグ氏が旅支度を整え、汽車に乗り込んだ。ベルが自家用の古自動車で駅まで出迎えた。当時、情報誌で出会った結婚志望者同士には、写真を交換するという良き習慣があり、甘い仲のこのふたりもずっと以前から写真を交換していたので、互いを見分けるのは造作もないことだった。

オル・バズバーグ氏は、成人した子供がいる年配の男で、ウィスコンシン州では松材の運送業を手広く営み、蓄えがかなりあった。氏は現金で二千ドル携えてラ・ポルテにきた。ご想像どおり、相変わらず抵当に入っているという、ガネス未亡人の四十八エーカーの土地の代金である。

バズバーグ氏は一九〇七年の四月下旬に農場に到着した。三十四年前のことである。以後、彼の姿を見た者はいない。

2

一九〇七年という年は、農場にとってさして進展のない年だった。しかし一九〇八年は実に幸先の良い幕開けの仕方で始まった。一月にアンドリュー・K・ヘルゲレイン氏が訪れて、のちに切り裂き農場といわれるようになる地所の魅力的な女主人に歓迎された。ノルウェー生まれのヘルゲレイン氏は、サウス・ダコタ州アバディーンの近郊に長年住み、小麦の栽培がうまくいって財を成していた。

ヘルゲレイン氏は真剣に結婚する気持ちを抱いてやってきた。大きな財布には少なくとも三千ドルの現金が入っていて、その金で——まあそれはよいとして、ともかく彼の心を捉えたのは一連の手紙だった。そのうちの最後の手紙が運よく残っており、彼女の文章のスタイルやテクニックを知る格好な見本になっている。手紙は一九〇八年一月十三日付けで、ベル本人のしっかりした筆跡で書かれたもので、ヘルゲレイン氏がラ・ポルテに出発する際にサウス・ダコタ州の自宅に、幸いにもうっかり置き忘れていったものである。インディアナのベルはこう書いている。

この世で一番大切なお友達へ。世界中でわたくしほど幸せな女はいないでしょう。あなたがまもなくこちらに来て、わたくしと一緒になるのももうすぐのこと。お手紙を見れば、あなたがわたくしの理想の人なのは分かります。人を好きになるのに時間の長さなど関係ないわ。あなたはわたくしがこの世で一番好きになった人です。

ふたりで暮らすってどんなにか楽しいことでしょうね、この世で一番いとしいあなた。ひとりぼっちはずいぶん寂しいことでしょう。いま以上のすてきなことって考えられます？　あなたのことをいつも思っています。子供たちがあなたの話をするとき、私があなたを思い浮かべて愛の歌を口ずさむとき、あなたの名前はまるで音楽のように私の耳に美しく響きます。

あなたを想って胸は激しく高鳴ります。わたしのアンドリュー、愛しています。はやく来て、末永くこちらで暮らしてください。

そこで、ああ、彼はそのとおりにしたのだ。三十三年前のことである。以後、彼の姿を見た者はいない。

さて、農場の単調な生活を乱す騒ぎがいくつか起こった。雇い人のレイ・ランフィアがベルとすさまじいけんかをしたのだ。数多の気の毒な男たちの例にたがわず、彼もまたベルに恋をしたのだった。彼は、最新の華々しい客人、ヘルゲレイン氏に嫉妬して、猛烈な癇癪を起こし、荷物をまとめて出ていった。ラ・ポルテの街で、彼は、賃金をまだ支払って貰っていないと友達に話した。賃金を払うだけではすまないぞ、おれの口を閉ざしておくためにも、ベルにはもっと金を出してもらう、とも。

ランフィアはあちこちでしゃべったらしく、話はやがてベルの耳にも届いた。彼女はすぐさま、彼を精神異常者で一般市民に害を及ぼすと訴え、逮捕させた。彼は当時の精神鑑定を受け、正常であると判断された。彼は農場を訪れ、ベルに会った。ふたりは何事かを激しく口論しあった。ベルは彼を侵入罪でふたたび逮捕させた。

彼はやすやすと引きさがるような男ではなかった。侵入罪の罰金を払い、近所に居残った。ベルの許を再々訪れたとも思われる。そして、あいかわらず陰でいろいろとベルを脅していた。彼は農家のウィリアム・スレイターという男に言ったことがある。「もうヘルゲレインに煩わされることはない。ふたりですっかり片をつけたから」

ベルにとって厄介なことが、別の方面から襲ってきた。サウス・ダコタ州マンスフィールドの裕福な市民、エイズル・ヘルゲレイン氏が、兄のアンドリューはどうしたのかと、手紙で問い合わせてきたのである。ベルは返事を書いた。アンドリューは生国のノルウェーを訪問するために出ていきました。このようなとっぴな返信をもらったエイズルは、折り返し書き送った。兄はそのようなことをする男ではない、と。

さて、ベルがこの種の難局にどう立ち向かったか、これがまったく良い例である。彼女は気を引き締めてエイズルに手紙をしたためた。ラ・ポルテにおいで下さって、アンドリューを探すのに手をかして頂ければ幸いです。でも、こういった捜索にはお金がかかりますが、と書き添えて。エイズルがこの招きに応じたかどうかの記録は残っていない。

ベルは生まれてはじめて不安を感じた。一九〇八年四月二十七日にベルの訪問を受けた、ラ・ポルテの有能な弁護士、M・E・レリター氏には、少なくともそう見えた。ベルは弁護士に、元雇い人のレイ・ランフィアに心底怯えていると語った。殺してやると脅された、農場に火をつけてなにもかも焼き払ってやると言っているのも耳に入ってくる、と。自分の身にこのようなことが振りかかっているので、彼女は遺言状の作成を望んだ。ランフィアから身を守ってくれと警察に願い出なかったのには、なにかほかに訳があったのかもしれない。

レリター弁護士が遺言状を作成し、ベルが署名をした。遺言状によれば、地所は故ソレンスン氏の遺児ふたりと、故ガネス氏の遺児ひとりに残すこと、子供たちが自分より先に死んだ場合、地所はシカゴにある孤児院「ノルウェーの子供の家」へ遺されることになっていた。

ベルは弁護士の事務所を出ると、その足でラ・ポルテの銀行へ寄り、五百ドルの手形を決済した。そうして彼女は農場に戻った。

翌日の早朝、マックラング通りの農家の人々は、ガネス家が炎に包まれているのを見つけた。家は跡形もなく焼け落ちた。雇い人のひとり、ジョー・マクスンだけが助かり、逃げるだけで精一杯だったと語った。部屋に迫った炎の発する音で目が覚め、二階の窓から下着のまま飛び降りたのである。飛び降りるまえに、ガネス夫人と子供たちを起こそうと、大声で叫んだが、返事はなかったと彼は断言した。自室に寝に入ったときには、みんなは家にいた、と。

鎮火したとき、遺体が四体発見された。そのうちの三体は娘のルーシー・ソレンスンとマートル・ソレンスン、そして息子のフィリップ・ガネスのものとすぐに分かった。もうひとつの遺体は女性のもので、頭部がなかった。遺体は四つとも貯蔵庫のマットレスの上で発見された。全員の遺体の上に、ベル家の自慢の立派なアップライト・ピアノの、焼け焦げた残骸がのっていた。

保安官のアルバート・H・スマッザーが呼ばれた。彼は現場を検分し、ガネス夫人のことをあれこれ言いふらしていたレイ・ランフィアを逮捕した。逮捕されるや否や、まだ尋問のひとつもされないうちに、ランフィアは自分から質問をした。「ガネスの未亡人と子供たちは逃げられたかい？」

だが、ランフィアは、火事がどのようにして起きたか知らないと言い張った。近所のジョン・ソリャム少年が、火の手の上がる直前にランフィアがガネス農場から走り去った、と証言してさえも。「俺の目を見て言ってみろ。言えないだろう」ランフィアは言い張った。

「言えるとも」少年は言った。「あんたは僕が薮の陰に隠れているのを見つけて、出てこないと殺してやるぞって言ったじゃないか」

ランフィアは殺人罪で起訴された。放火罪は、万一殺人罪だけで充分でない場合のために、未決のまま留保された。殺人罪の被害者の名前はもちろんガネス夫人である。しかし、疑問点がつぎつぎ湧き上がってきた。頭のない遺体ははたしてガネス夫人なのだろうか？

彼女とは六年あまりの近所づきあいだった農家のスワン・ニコルスンが遺体を瞥見し、

一言のもとに、いいや、これはぜったいあのでかい未亡人じゃないと言った。背も高くなければ、幅もなく、ぜんぜんあの人らしいところがない。たびたび農場に来て耕作の手伝いをしていた、C・クリストファースンという男も、ニコルスンと異口同音に、いいや、これはベルなんぞであってたまるかと言った。古くから知り合いのオースティン・カトラー夫人も、同意見だった。

シカゴから、ネリー・オランダー夫人とシガール・オルスン氏が来た。ベルのもとで暮らしていて、最近「カリフォルニアに行ってしまった」ジェニー・オルスンの姉と兄である。自分たちは物心がついたときからベルを知っているが、首なし死体は他人のものので、ベルではない、と当局へ言った。

気の毒なのは、行方不明の少女の父親、アントン・オルスンだった。彼は、焼け焦げた遺体を確認しに、シカゴからやってきた。だが、どの遺体もジェニーではなかった。オルスン氏は、ジェニーが無事でいるかどうかを確かめに、翌週の日曜日にガネス家を訪れる予定にしていたと警察に語った。数日前に、ガネス家が跡形もなく焼け落ち、ジェニーが炎の中にいる夢を見たので、胸騒ぎがしたのである。

医師団が、炭化した首なし死体を計測した。失われた頭部のサイズを常識的な範囲で推定し、加算した結果、遺体は背丈が五フィート三インチ、体重が約百五十ポンドの女性のものであると断定された。ベルは背丈が五フィート七インチ以下であるはずがなく、体重もすくなくとも百八十五ポンド、いやそれ以上あったはずだと、彼女を知っている人々は口々に言った。スワン・ニコルスンなどは、きわめて確信に満ちていた。ガネス未亡人はいくら少なく見積もっても二百ポンドはくだらなかった、と彼は真剣な表情で断言した。

ガネス夫人にさまざまな服装品を売ったラ・ポルテの店の店員が、服のサイズなどについて警察に聴取され、その証言と、知り合いの人々が言ったサイズとが、比較検討された。一方、医師団は遺体の計測を入念に行った。ひとつは実測、ひとつは推定の、二種類の計測をした結果は、貯蔵庫で見つかった遺体は、ベルとは違う人物のものであるということを表わしていた。次の表は二組を比較したものである。

	犠牲者（インチ）	ガネス夫人（インチ）
腕回り	九	一七
胸囲	三六	四六
胴回り	二六	三七
腿回り	二五	三〇

腰回り　四〇　五四
ふくらはぎ回り　一二・五　一四
手首回り　六　九

このような食い違いがあったにもかかわらず、警察当局は、もっと決定的な証拠が必要であるとは認めながらも、首なし死体はベル・ガネスのものであると発表した。左手にあった三個の指輪が、証拠として追加された。ひとつは銘のないダイヤのもの。ひとつは飾りのない金の指輪で、「MSからJSへ　94. Aug. 22」と彫ってあるもの。もうひとつの金の指輪には「PGからJSへ　95-3-5」とあった。これらの指輪は、最初のマッズ・ソレンスンと、二度目のピーター・ガネスとの結婚に関連したものであると思うのが順当だろう。指輪が長いこと指にはめられていたかどうかを、遺体の状態から知るのは不可能だった。

やがてご多分にもれず、悪事が暴かれたときに必ずいる、あの時そこにいたという目撃者がではじめ、その数はみるみるうちに膨れ上がった。火事のあった夜、ガネス夫人が女を車に乗せて農場に入ったのを見たと、五、六人以上の人間が通報してきた。謎の女の外見は「痩せ型」から「とても太っている」までさまざまだったが、全員が一致したのは、この辺では見かけたことのない女だったということだ。

窮地に立たされた当局が求めたのは、遺体の頭部、すくなくとも頭蓋骨だった。納屋や離れの小屋、近くの湿地などの捜査が行われたが、頭部らしいものはぜんぜん発見されなかった。保安官は捜査を打ち切ろうとしていた。このように解決のつかないことは、とりあえずそのままにしておいて、ランフィアをガネス夫人殺害の廉《かど》で求刑する準備をすすめた。ガネス夫人殺害が実際に起こったのは疑いのないことであり、サウス・ダコタ州マンスフィールドのエイズル・ヘルゲレイン氏が現地に現れたところで、事態が変わるとはとうてい考えられないことだった。氏は、ベルが、アンドリューはノルウェーに行ったと書き送った、あの相手である。エイズルは、ラ・ポルテに到着するまで、農場の火事のことを知らなかった。ただ兄の行方を突き止めたくてやってきたのである。エイズルはスマッザー保安官に会い、兄は結婚しようとした女にどうにかされたのではないだろうかという疑念を漏らした。保安官はあまり関心がないようだったが、エイズルは引き下がらなかった。結局、保安官は、農場をもう一度調べてみましょうと言った。高い金網を張り巡らした一画の入り口を警官たちが壊して見渡すと、地面の所々に、土が柔らかくて幾分窪んでいる個所があった。火事を辛くも逃れた最後の雇い人、ジョー・マクスンが担当官に言っていた。土をこの一画に運び込んで、少し凹んでいる部分をならすように、ベルに命じられたことがあると。ごみを捨てたのよ、とベルは言ったそうだ。エイズル・ヘルゲレインに急き立てられ、保安官の助手たちはシャベルを手に穴を掘り始めた。

柔らかい土の下から最初に見つかったのは、たしかに、ごみ――空き缶や瓶など――だった。だが、助手のひとりが、突然、あっと叫んだ。かなり大きい麻袋を掘り当てたのである。麻袋のなかには、めった切りにされた、しかしこの状況からすればかなり状態の良い死体があった。ヘルゲレインは遺骸を入念に見て言った。「アンディーだ」

助手たちは今度こそ本気で掘り進めた。一九〇八年五月三日、日没までに、四体か、あるいはそれ以上掘り出された。なかの一体は「カリフォルニアに行った」はずのジェニー・オルスンだった。一体は口髭のある背の高い男性で、残りの二体は子供だった。

翌日、その囲い地からさらに四体掘り出された。翌三日目は一体しか見つからなかった。この囲いの中から合計十体が掘り出されたことになる。貯蔵庫の四体と合わせると、合計十四体――この程度の小さい農場にしては眼を見張るような数字である。囲いの中から死体が見つかったことを知らされると、雇い人のランフィアは独房のなかで、大声で叫んだ。「死体、人殺し、ヘルゲレイン！」という奇妙な悲鳴だった。「なんてこった、あの女だ！　何があったか俺は知っているぞ」

すべての死体が判別できたわけではなかったが、ジェニー・オルスン、アンドリュー・ヘルゲレイン、ジョン・ムー、オル・バズバーグの四名は確定された。詳しい経緯はここには書かないが、ほどなくもう三人の遺体が確認された。二体は、オラフ・リンドブロムとエリック・ゲアハートというノルウェー人で、別々にベルを訪ねてきた男たちであり、残りの一体は、もはや名前を知るすべもない雇い人である。

残りの数名分の遺体は、すべて、指の骨などの小さい骨のかけらばかりで、該当する頭蓋骨や胴の部分は見当たらなかった。医師たちが数百にものぼる小片をなんとか選り分けているうちに、ガネス家の貯蔵庫のどっしりした作業台や大きな桶が、大の男をも震え上がらせるほどの意味を含んで浮かび上がってきた。この大桶は豚の煮沸以外の目的で使われたのだろうか？　それを知る手だてはないが、警察当局や医師団は、灰の中から見つけた数本の肉切り包丁に、改めて興味を持った。

ベルの家族専用の墓場《ボーン・ヤード》がとりあえず掘り尽くされた時点で、警察は捜査が完了したとの見解に達した。頭部のない遺体と、火事の夜、ベルと一緒に古自動車に乗ったのを目撃されたという謎の女とを結びつけた噂が、どんどん広まっていくのを放置したまま。しかし新たな目撃者たちが現れた。彼らは、この女性がシカゴ方面からの列車から降りたのを目撃していた。ベルが彼女をラ・ポルテ駅に出迎え、二人してマックラング通りを農場に向かって走り去った。

　多分、そのとおりだったのだろう。しかし、ベルの最後の雇い人、ジョー・マクスンは、自分が知らなかっただけかもしれないが、と前置きしながらも、その夜は見知らぬ女性を見かけなかったと言った。彼は、偏った言い方をしないように気を使いながらも、「あの家は変なところだったよ」とも言っている。

　ジョー・マクスンがどう言ったにしろ、土地の人々の意見は、首なし死体は、悪賢いベルが目的をもって連れ込んだ女性のものだということに落ち着いた。ベル本人はどこか他の安全な場所にいるのだ。話はそういうふうに展開し、定着した。

　ラ・ポルテの歯医者、アイラ・P・ノートン氏は農場の火事のときには多忙で、事件と以前の患者とを結びつけていなかったが、ガネス農場の猟奇的な掘り出し物に関する記事が全国紙の一面を賑わし始めると、故ガネス夫人の歯を治療したことを思い出した。彼は、自分が治療した金と陶材の歯ならば、容易に判別できると警察に申し出た。

　警察は、ノートン医師の手を煩わすまでもないだろうという見解だった。頭部が失せてしまうほど火が高熱だったのだから、金も陶材も溶けてしまっただろう。ノートン医師は違うと言った。金冠は華氏千八百度以下で溶けることはなく、陶材は華氏二千度以下で崩壊するものではない。「溶かすにはアセチレンガスの炎が必要なほどだ」

しかしそうとなれば、次にくる問題は、大きな家屋の残骸や灰の中から、どうやって数個の小さい歯を――警察は半信半疑だったが、万一存在するならば――ふるいにかけるかである。ラ・ポルテ在住のルイス・シュルツという公徳心に富んだ男が、この難問を聞きつけ、当局へ提言した。自分はユーコンから戻ったばかりの古参の探鉱者だが、もし材木少々と幾ばくかの奨励金をもらえれば、ベルの地所に本格的な金鉱探しの流し樋を組み立ててもよい、と言った。流水をたっぷり使えれば、もろもろの残骸を残さずふるいにかけ、そして、もし警察の捜している金があるとすれば、絶対見逃しはしない。

ルイス・シュルツはまさに天の助けだった。ベルの地所の表側に流し樋が組み立てられ、水が納屋のほうからパイプで引かれ、古きクロンダイクの砂金取り、エイティー・ナイナー（一八八九年のゴールドラッシュの金鉱掘り）のルイスが、生涯でももっとも奇妙な鉱山仕事に手をそめた。大勢の人々がはやし立てた。

ルイスの仕事を見物しに、ラ・ポルテやその周辺の町々ばかりでなく、シカゴからも人々がやってきた。シカゴの日刊紙が、その年一番の大事件、これまでにも類のない恐怖の物語を騒々しく書きたてていたのである。クロンダイクのルイスは実に大評判となった。流し樋の回りにロープが張り巡らされ、臨時に駆り出された数十人の警官たちが膨れ上がった野次馬を整理しているなか、ルイスは、かつて経験したことのないほど大勢の見物人の前で、山のような残骸をシャベルで掬っては流水にさらしていった。当時、ニュース映画はまだ揺籃期だったので、世紀の出来事を捕らえてはいないようだ。しかし、新聞社のカメラマンはあらゆる地方から来て、ルイスの一挙一動を狙った。

あちこちで賭けが行われた。シカゴの胴元たちは、ルイスがベル・ガネス金鉱のお宝を当てる日時を賭けた金を集めた。多い時には六千人以上といわれた群集の間を、ポップコーン売りやソーダ水売りが縫って歩いた。きつい仕事を続けて四日目が過ぎた五月十九日、クロンダイクのルイスはついに金を探しあてた。家の残骸や泥をさらしていると、金冠がかぶさった下顎の小臼歯二本と、陶材の歯四本を含むブリッジが出た。

ノートン医師はよく調べた。「たしかに私の仕事です。ガネス夫人の歯です」

3

十一月、元雇い人のレイ・ランフィアはガネス夫人殺害の廉でラ・ポルテの裁判にかけられた。腕利きのワート・ウォーデン弁護士のおかげで殺人罪は立証されなかったが、放火罪で有罪となった。陪審がガネス夫人を死んだと思っていなかったのは明らかだ。ランフィアはミシガン市の刑務所に送られ、そこで一九〇九年に亡くなった。

生前、ランフィアはハリー・マイヤーズという模範囚に、ガネス夫人との情事についての延々と、しかしときとして脈絡のない話を聞かせていた。彼の死後、マイヤーズは刑務所の職員に、聞いた話をそのまま繰り返した。マイヤーズが語り直した話のなかで注目すべきところはやはりベルが火事で死んではいない、というところだろう。歯のブリッジという証拠があるとはいえ、遺体は家政婦に雇うと言ってイリノイ州から呼び寄せた女のもので、女を殺し、身元の証明ができないように頭部を切り落としたとマイヤーズは語っている。頭部は「湿地に掘った穴の中に入れ」、生石灰で溶かしてしまった。ランフィアは、怪物めいたベルの行動をありありと描写してみせたようである。身代わりの女を殺したあと、自身の子供たちをも、手馴れたようすで順々に殺していったベル。それから、すぐに見分けがつくように、自分の着古した服を女に着せ、四つの死体をマットレスの上に積み上げたベル。

結局、ベルは家に四十二人の男を引き入れていた、とランフィアは述べている。たった一人、油断のないミズーリ州タルキオのジョージ・アンダースンだけが、ベッドの傍らで覗きこむベルの射るような眼差しに仰天して、逃げおおせたのである。

ベルは、大勢のカモから、それぞれ一千ドルから三万二千ドルにいたる現金を手に入れていた、とランフィアは言う。たいがいは、コーヒーに薬を混ぜ、カモの意識がなくなったところで、頭を殴りつける。それから貯蔵庫の大きな作業台で死体を切り刻み、切り刻んだものを適当な大きさに束ね、例の鍵の掛かった区画に埋めるのである。時には趣向を変え、豚の煮沸用の大桶に死体を入れて、生石灰をたっぷり加えた。

ランフィアは模範囚のマイヤーズに、ベルに手をかして「死体をいくつか」埋めたと言ったが、殺人への関与については、一切ないと否定した。ジェニー・オルスンが殺されたのは、「知りすぎていた」からだ。ベル自身の子供たちも同じだった。身元の分からない他の子供たちは、ベルが引き取って養育していた離散家族の子供たちだった。ソーセージ器の墜落で死亡したといわれた故ピーター・ガネス氏は、ベルが斧で殺害したのだった。

亡くなったランフィアの話のすべてが、つじつまが合うというわけではない。かなり誇張されていることはまちがいなく、なかには、まったくの空想もある。それに、ガネス夫人との関係を問いただされると、ランフィアは不思議に黙ってしまうのである。しかし、首なし死体については、あれはベルではないと断言している。あの女はどこかに生きている、と。

そして今も、ラ・ポルテ近辺の年寄りたちの多くが、同じ考えをいだいている。年寄りたちは言う。銀行にほんの小額の残高しか残しておかなかったベルは、誰だか分からない女を殺して家に火をつけ、他の所へ行ってしまったのだ、と。

ジャーナリストのアンブローズ・ビアスは、一九一六年にメキシコで亡くなったと推測されるが、実は生きていると永年言われつづけてきた。それと同じように、ベルもまた、どこかまったく異なった場所で生き続けているのだ。一九三一年になっても、ミシシッピー州のある町で「ベルの姿を見た」人がいるし、同年にロサンゼルスで発見された死体は、実際は違っていたものの、ベルだと主張された。ラ・ポルテの保安官事務所では、二十年の歳月を経てもなお、一ヶ月に二件の割合で、ベル――フージャー（インディアナ州人）の怪物、殺人女王、女の青ひげ――に関する情報が寄せられている。二十年の間に情報は減少しているものの、いまだに続いているのである。

ベル・ガネスは、事実上、この地域の民間伝承に不動の地位を築いたといえるのではないだろうか。ベルがバラッドの主人公になっているという事実から、私はそう推察している。ある出来事や人物が唄に歌われるようになると、そうでない場合に比べ、すぐに忘れ去られるということがなくなるものだ。ジェシー・ジェイムス、ジム・フィスク、フロイド・コリンズなど、民間のヒーローを歌ったものをみても分かるように、バラッドの息の長さと、文学的、音楽的な質の高さとは必ずしも一致しない。

ベルのバラッドが「恋、ああ、うかつな恋」の旋律にのって歌われるのを聞いた私は、その歌詞を手に入れた。

ベル・ガネスはインディアナ住まい
まわりにいつも男がいた
ガネスの扉を叩いた男、十人以上は確かだが
——それから、二度と姿をみせず

みんな北欧の男たち
ミネソタ州からやってきた
コーヒーが好き、ジンが好き
おおいに飲んで——
睡眠薬入り《ミッキーフィン》の酒まで飲まされた

さてさて落ち着き払って慎重に
ベルは頸動脈を、すっと、切り
生石灰の風呂に漬け

そのままずっと置いておく
切り裂き農場の空には赤い月
ベルは手ごわい悲運の女神
ああ、北欧の男たちよ
ふたたび州都《セント・ポール》を見ることがない

ベル・ガネスと直接に関わりのあった人物が、現存している。インディアナ州のローガンズポートにある、ロングクリフ精神病院に入院している老女で、その入院歴は長く、今ではこの病院の、一種の有名人である。彼女はベルの農場で数ヶ月働いたことがあり、そのことを話すのに何のためらいもない。老女を喜ばせる質問は、「ベル・ガネスはあの男たちをどうしたのか?」である。実に恐ろしそうに目を眇めて答える言葉は、いつも「あの女は男たちを豚に食わせてやったのさ」である。

ベルが生きているか死んでいるかについては、彼女には確信がなかった。「誰に分かるっていうのさ」と言っていた。

もし、多くの人が信じるように、ベルが生きているとすれば、一九四一年のいま、八十二歳、まさに歳月人を待たず、である。とはいえ、もしもある日、田舎の農場を訪れるようなことがあって、そこの主人が自分で豚をつぶすようなたくましい中年の女だったら、私は踵を巡らせ、とっとと立ち去るだろう――たとえ天気がどんなに悪くとも、道がどんなにぬかるんでいようとも。

From Stewart Holbrook: *Murder Out Yonder*, 1944. ［中島］

不可解なこと

池袋村出身の女に関する噂が江戸の人々の口の端に上ったことがある。池袋村の出身の女中を家に入れると石が降るので雇うな、というものである。『遊歴雑記』などに見える話であるが「リソボリア」を読んだ時、まっさきに連想したことがじつはそれだった。石が降る、あるいは石が投げつけられる、といった現象はアメリカや日本のみならず、世界各地で見られる。単純に騒霊《ポルターガイスト》の語をあててもいいだろう。都市伝説と同様に目的が見えないところがいかにも不可思議である。

メアリー・セレスト号の謎は当時世界中の人々を好奇心の渦に投げこんだ。アーサー・コナン・ドイルなども自説をたてて、小説に仕立てあげている。

アメリカにおける不可解なことというと、必ず思いだすことがある。第二次世界大戦の折のことである。パリの凱旋門に、自由の女神の掲げるトーチに、北京の蘆溝橋《ろこうきょう》の基部に、“Kilroy was here”と書かれた落書きを見ることができた。真偽のほどは定かではないが、キルロイとは、ある歩兵連隊の軍曹が空軍の兵士たちの鼻をあかすために創りあげた人物だということである。ともあれ、世界中の僻遠の地の基地予定地にようやく辿りついた空軍の輸送部隊の士官たちは、そこに三つの単語を認めたわけである。

「キルロイここにきたれり」

リソボリア（古代ローマのルパーカス祭のような祭りに行われた石を投げる行事）

一六九八年のある時のことである。ニューハンプシャー州知事の秘書を（喜んでというわけではなかったのだが）勤めていたリチャード・チェンバレンは、ロンドンの印刷業者に風変わりな原稿を持ち込んだ。チェンバレンは「リソボリア」と題したその記録を多くの人に呼んでもらうことを望んでいた。体面を保つために記録が真実であると、出来る限り多くの人に信じてもらわなければならなかったのだ。印刷業を営むホイットロックは、チェンバレンの名誉を重んじ喜んでリソボリアの印刷、発表、販売を請け負った。証明はできないが、売れ行きは良かったものと思われる。現在ではもっとも稀少な（かつもっとも面白い）読み物《パンフレット》のひとつに数えられている。

投石は、信じやすく怖がりのチェンバレンの証言では一六八二年ニューハンプシャー、ポーツマス近くで起こり、「悪霊、悪魔に魅入られた魔女、もしくは双方」の仕業で、「石、煉瓦、またはさまざまな大きさの煉瓦のかけら、それに、邪《よこしま》な心が思いついた他の物、小槌や大槌、鉄製品、鋤や家庭用品など」が飛んできたとされている。「リソボリア」は「三ヶ月」にわたって続いた。チェンバレンはジョージ・ウォールトンの家に招かれた折、一連の怪現象に遭遇し、熱心に、詳細にわたって記録した。それゆえに知事に報告した記録が一笑に付され、すべては「貧しい少年たちの悪ふざけ」と片づけられてしまったことに対する落胆は大きかった。今から見れば知事が下した解釈は妥当なものとも言えるが、一六八二年のニューイングランドにはまだ魔女の影が跳梁していた。それにジョージ・ウォールトンの隣人である老婆が彼に恨みを抱いていたのは周知の事実だったし、老婆は魔女だと言われていた。少なくともチェンバレンは「魔的なものが意図をもって行動していると疑ったし、（言わせて欲しいのだが）以前からこの種のものについては考えていた」と言っている。

　投石は日曜の夜に始まった。家族がくつろいで座っていると、突然家の屋根と四方の壁に石がぶつけられ、門は見えない手で「蝶番から捻じ切られ、地面に捨てられた」。月の輝く明るい夜で、家の周囲に人影はなかった。それでも「かなり大きな」石が投げつづけられた。どれくらい大きいのか？　その答えは人を失望させるものかもしれない……しかし、あとはチェンバレンから話してもらおう。

かなり大きな、私の握りこぶしと同じくらいの大きさの石がたくさん、家の柱廊《ポーチ》や玄関に投げ込まれる。我々はポーチの奥の部屋に引っ込んだのだが、狭いその部屋の壁にたくさんの石が勢いよくぶつかった。幸いにも怪我人はなく（全能なる神に感謝を、なぜなら神の御力がなければ悪魔の代理、人間に執拗につきまとう敵は、我らに死や大怪我をもたらしたであろう）、二人の若者だけが、一人は足に、もう一人は大腿部に軽く当たっただけで済んだ。事件に驚いて我々が立ち尽くしていると、娘たちの一人が石が広間の方からきたように思うと言ったので、隣の広間に行って（そこから通じる地下室までも）調べたが、誰もいない。他の人が、そして私自身、目の前の空間に二つの小石が現れて床に落ちるのを見た。天井から降ったとでもいうように落ちてきて、我々の前の床に当たった。これは驚くべき超自然現象だと結論づけるしかなかった。

もといた部屋（玄関ポーチを入ってすぐの部屋）に戻ると私たちは嬉しくもない石の洗礼を受けることになった。ドアを閉めたのに、かなり大きな石が凄い音と共に（自分の頭の横をすぎ）奥の部屋に続くドアにぶつかったので、驚いたどころではない。そしてまた広間につづくドアにも石がぶつかった。必要があって外に出ると、体をかすめるように石が襲ってきて、家の壁に当たって砕けた。ちょうどポーチを入ってすぐの部屋に入ろうとしていた時だった。その部屋の天井をかすめるようにして飛んできたそれに当たっていたら、私は棍棒あるいは大槌に殴られたような衝撃を味わっていたことだろう。そして実際に起こっていたことはそんな風なことだった。窓ガラス（特に最初に述べた部屋のもの）がたくさんの石のせいで粉々に跡形も無く割れ、多くの石に強打されたため、開き窓の木枠や鉛枠、掛け金といったものが壊れたり、外れたりしていたのである。

これが（と、ここで訊くのが公正というものだろう）「内部の人間の仕業」だろうか？「娘たち」が何か関係しているのだろうか？　石が投げ込まれるのを見たように「思う」と少女が言ったとチェンバレンが述べている点は注目に値する。他の想像も脳裏に浮かんだのは言うまでもないだろう。悪ふざけを好む人間もしくは故意に騒ぎを起こそうとする人間がそこいらの道具を使って悪戯したのではないか？　燭台が幾つかテーブルから落ちたし「同様に大きな白目製の瓶も」テーブルから床に落ちた。チェンバレンが（騒音に疲れ果てて）ベッドに入ると、ほどなく寝室の壁に衝撃音が響き始めた。

しかし下の騒ぎがすぐ上にも移ってきたので、これが自然の悪戯によるものではないと確信した。使われた石はこれまでの訳の分からない騒動のなかで、一番大きなものだった。床に落ちた重さ八ポンド（約四キロ）の石が撥ね返った拍子に、私の寝室のドアを開けたようである。これは翌朝見つけたドア付近の床の凹みや傷の具合、私が耳にした大きな音などから見当をつけたのだが、驚いたことに、石は三回の動き、つまり三回の音から推測したのだが、そのわずかな動きによって万事やりとげたことになる。すなわち石は床に落ち、次に撥ね返ってドアにぶつかり、最後にもう一度床に落ちたとなれば、三回動いた中の一回だけでドアを開けてしまったということになるのだ。もし直接ドアにぶつかったならば、ドアは割れていただろう。こうしたことは神の御業ではない。神なら窓ガラス一枚さえ、ましてやあの時のようにすべての部屋の窓を壊すことなどなさるはずもない。気を取り直して、そっとしておいてくれることを願いながら、ドアを前のように閉め、もう一度眠りに就こうとすると、また同じような経過で、似たような不愉快な代物が邪魔を始める。暖炉の煉瓦が、前と同様の目的と同様の方法で使用されたのだ。煉瓦のかけらが床の上に転がっていたので翌朝はっきり分かった。煉瓦の本体の方はドアの前に転がっていた。それでも、しばらく横になって下の大騒動に耳を傾けているうちに、また眠ったところをみると、その夜の妨害はそれで収まったようである。

朝（月曜の朝）、似たようなことが他にもあったことを奉公人のうちの何人かから知らされる。もっとも人目を引いたのは、暖炉に立ててあった火掻き棒が姿を消したことで、ふと気がつくと暖炉の前に置いた丸太に突き刺さっていたという。

ほかにも「知らぬ間に鏝《こて》が庭に移されていた」りといった吃驚《びっくり》するような（良いとは言えない）ことがあった。チェンバレンは寝室に投げ込まれた驚異の八ポンドの石を慎重にも取っておいたのだが、それは見えざる手によって奪い去られてしまった。発見した時は「石を見せることが出来るよう長い間保管していた。好奇心を満たすために」と述べたにもかかわらず。申し分のない証拠の一品を最終的に失ってしまったのはつくづく残念である。奪ったのは、思うに悪魔かその代理であろう。

騒ぎに興奮した隣人の一人が軽率にも「少年たち」が石を投げたのだと言っている。向こう見ずな懐疑論者は即座に罰せられる結果となった。というのも自分の息子が「背中に石をぶつけられて泣き出したので、母親は（まわりに説得されて）直ちに子供を連れていった」のである。

まだある。白目製のスプーンが居間に投げ込まれたり、黒猫が果樹園で目撃された。黒猫は「撃たれたが、姿を消した」。「奇妙に不吉な感じのする口笛」が聞こえたり、

「仔馬が足を踏み鳴らしているような」音が聴こえたりもした。

暗黒の力はドアの外でも効力を持っていた。ウォールトン氏はある日、舟で干草を運ぼうとピスカタクウォー川を渡っていた。すると、ああ……。

ウォールトン氏は舟が沈みかけているのを知って、大変に驚き、原因を調べると舟底の栓が抜かれているのを発見した。雨水が溜まった後の排出を考えて、取りつけた代物である。悪魔と老婆の一致団結した思い付きか、他の魔女か魔法使いが（復讐のためか生来の悪意からか）私の良き招待主とその仲間たちを溺れさせようとしたのだ。

水曜日、皆が森で働いていると、ガラスか金属が発するような音が聞こえ、枝の間からなにか落ちてきた。地面で転がったものを見ると、ウォールトン氏が以前舟の木材を止めるのに使ったあぶみ金物だった。木材に取り付けられたはずのあぶみ金物は、ある時、舟に乗っていたウォールトン氏に投げつけられたのだが、今度は森のなかでウォールトン氏の背にぶつけられた。三度目の正直とばかりに、氏は自分の腰帯かベルトの締め金を使って腹のあたりに固く結えつけた。が、暑さで腰帯をすぐ外してしまい、ふたたび締め直そうとしたときには、あぶみ金物は失くなっており、それ以来二度と出てこない。舟の引掛け鉤とか小さな錨とかいうものも、同じようにひとりでに舟の外に飛びだした。そのたびに舟は身動きできず航行が続けられなくなった。それから幾度となく停止用の棹《ポール》がひとりでに川に飛びこんだようで、グレート湾から帰る途中、舟を進めることができないという状況に陥るたび、つまりはポールを回収するたびに何度も手ずから漕ぎ回ることになった。

家に帰ってもまた、ウォールトン氏は戸外で襲撃を受ける。反して屋内では金曜まで静まり返っていたが、台所の暖炉から石が四、五個（うち一つはまだ熱かった）、あたりに飛びだした。ちょうど私がウォールトン氏とともに中庭（と氏が呼んでいる庭）から台所へと足を踏み入れ、使用人が草刈りや、他の六、七の雑務を片づけているときのことであった。

めずらしくもウェストジャージー（ニュージャージー）のジェニングズ知事とロードアイランドのクラーク知事を含む九人が見るなかで、石がひとりでに飛び込んできた。熱心なチェンバレンは宣誓供述書に署名してもらった。この宣誓証言のあと、悪魔の代理人は攻撃をまたチェンバレンに集め始めた。「まるで」と文章は続く「私が標的そのものとでもいうように」。実際、ほとんどの石が、彼の言葉によると「二十や三十の石が（時にはかなり強く）私に当たった」。不気味な口笛、鼻息や鼻歌のたぐいもまた始まり、ジョージ・ウォールトンは舟に乗ったおりに背中に石をぶつけられた。

家にほど近い入江。しばらくして悪魔の奇怪な悪ふざけが起こる。夜、雄鶏のために準備しておいた干草がそこいら中に散らばっていることが分かった。一昨日に果樹園で乾かして積んでおいたのに、木の上に投げ上げられ、家にばら撒かれている。ドアの傍においてあった二本の丸太のうち一本が台所の暖炉のそばに寝かされ、もう一本はウォールトン氏が休んでいた部屋のドアの前に置かれてあった。閉じ込めておくのが目的とでもいわんばかりである。玄関口（もしくはポーチ）の長椅子は暖炉の前に移動しており、その上に組立て椅子が乗せられ、椅子にはナプキンが広げられ、白目製の壺と二本の燭台が乗っていた。チーズ圧搾機にも同じような事が起こった。穴の一つに金串が突き立てられ、先端には鉄瓶が引掛けられていたのだ。チーズは取り出され、粉々になっていた。他にもある。はっきり記憶しているが、日曜の夜、私の部屋の窓がすべて割られ、石や煉瓦のかけらが大きな音を立てて飛び込んできたが、数が少なかったせいか、私には当たらなかった。大き目の石は開き窓の四角い窓枠を壊して大きな穴をあけ、そのうえ本まで落とし、窓から真向かいの壁まで勢いよく飛んで行き、部屋の反対側の壁に掛けてある絵を突きぬけて半フィートほどの裂け目を作った。破れた布地は絵の裏側に垂れ下がった。

その後はまったく静かだった。時折、練習でもしているのかと疑いたくなるような石の攻撃を除いてだが。そして七月二十八日金曜日まで悪魔の手先は働き続けた。四十あまりの石が四方八方、家だろうが果樹園だろうが、木の茂みの中にまで投げ込まれ、以前割られたことのある部屋の窓は重ねて被害に遭い、使っていなかった部屋も同様の目にあった。

八月一日水曜、私が以前使っていた部屋の窓がふたたび割られ、たくさんの石が放り込まれた。

明らかに報復手段を講じる時だと、悩める主人は賢くも「尿を入れた瓶を火に掛け、中に曲がった留め針を入れた」。沸騰させるのはもちろん「魔女か魔法使いを罰するため」だが、ああ！「石が飛んできて、瓶の注ぎ口が壊れたので、中身が零れてしまった。もう一度準備万端整えると、別の石が、瓶が熱くなり始めた頃飛んできて、取っ手を壊してしまった。中身を補充した三度目、三つ目の石が瓶自体を壊してしまい、中身も零れた。作業はむなしくも失敗に終わった」

説明などできるはずもない。誰にしろ「これらの超自然現象」を信じない者は、「自分自身の魂の敵」であるとチェンバレンは苦悩のうちに語っている。さらに「世界最高の宗教の根本を揺さぶるか、覆そうとする」試みに違いないと続ける。では、チェンバレンは「権威ある地方議会の記録として」この話が残るよう責務を果たさなかったのだろうか?

もちろん責任をもって訴え出たにもかかわらず、懐疑主義のニューハンプシャー知事は、現地に赴き、それまでの現象が超自然的原因に根差していると信じることを完全に否定してみせたのである。不運な（私たちではなく）リチャード・チェンバレンをひどく困惑させたのは、侮蔑の色を露わにした知事が到着したとたん、「リソボリア」が完璧に収まってしまったという事実である。そうした状況で何が出来ると言うのか……書物として著わす以外に。

ポーツマスの石を投げる悪魔はほかと比べて独特である。他の超自然的石投げと異なり、燭台、白目製の壺、チーズに金串まで投げている。また色々な小物を盗んでいる。十九世紀のアメリカの様々な場所で時々姿を現わす石を投げる悪魔はほとんどが個性に欠け、口笛やざわめきのようなものは伴うものの、石投げのみに従事する。その後につづく石投げの悪魔たちの話は懐疑主義者たちの手によって集められた。C・M・スキナーはジョージア州、イリノイ州、コネティカット州などに地方的特色を認め、J・W・

バーバーのやや饒舌すぎる話はマサチューセッツ州シェフィールドのものである。スキナーとバーバーが提示する合理的解釈にはリチャード・チェンバレンも憤慨と哀しみを隠せないであろう。

Ben C. Clough［佐々木］

石を投げる悪魔たち

ジョージア州ウィットマイアヒル。戦争前に二度にわたる殺人事件のあった場所として記憶に留められているこの地で、巨大な馬の背に跨った首のない幽霊が旅行者の目の前にふいに姿を顕し、哀れな旅行者の心臓を口から飛び出させ、忽然と姿を消すということが相次いで起きた。ときおり怪異の者がわざと姿を見せないままでいると、事はもう少々面倒になる。みずからの足でなんとか幽霊の領土から逃れ出るまで、石や芝土が歩道に雨あられと降ってくるのである。

また土深く眠る伝説の秘宝といったことも言われている。命知らずな発掘人にたいして、宝を守ろうとする海賊や守銭奴の幽霊が襲ってくるといったふうな。

四十五年前、イリノイ州セントメアリーという町でグローヴズとその仲間でカークという名の二人の男が、畜舎で一日の最後の仕事を終えて家に帰る途中、雪玉を投げつけられた。夜の闇に閉ざされて一ロッド（約五メートル）先も見えないというのに、的中率は驚くほど高かった。固く握られた雪玉は、当たっても割れることはなく、カークには特に攻撃が集中した。グローヴズはカンテラを持っており、その僅かな光がまったく足跡のない雪の野原を照らした。あたりは静かで、ただ納屋と垣根を吹き抜ける風の音がするばかりである。もう一度周囲を見廻すと、うす暗がりのなか、足跡のない野原の真ん中あたりから雪玉が不意に現われ、見ている二人めがけて弾丸のように飛んできた。二人は野原に駆け入り、くま手で付近をめった刺しにしたが、何も出てこない。太陽が昇るまで雪玉の飛来は止まなかった。したたかぶつけられたカークは、一年とたたずに死んでしまった。

コネティカット州シャロンの人々は一七五四年にインディアンから土地を騙し取ったが、それ以来、梟のような声や口笛のような音、降ってくる石つぶてに悩まされた。星明かりや松明で照らし出される複数の人影が目撃されることもあって、それに向かって発砲するようなこともあったが、なんの効果もなかった。インディアンに金を渡すまでこれらの騒動はおさまらなかった。

バーバー氏の記述[注1]によれば、一連の事件は一八〇二年十一月八日マサチューセッツ州シェフィールドのとある服飾店で始まった。店には男と少年二人が働いていた。少年たちは仕事を終えて部屋に引き取った。時計は十時をまわっていたが、十一時にはまだ少し間があった。木片が、次には固い漆喰が窓から投げ込まれた。男と少年らが恐怖を感じてセージ家に助けを呼びに行くまでそれは続いた。セージ氏がベッドから起きだし、店に行くとガラスの割れる音がするのだが、どこから物が投げられているのか、非常に明るい晩だったにもかかわらず見つけられなかった。納得できる原因を突き止めようとしたセージ氏だったが、ついに判らずじまいだった。それは日が昇るまで一晩中続いた。翌日の日中は静かだったが、夜八時にまた始まると今度は夜中まで続いた。あくる日も、夕暮れまでは静かだったが、日が落ちてから夜更けまでは同じような有り様だった。その次の日は、日暮れ間近の一時間だけ続いたかと思うと、店は完全に静かになり、騒ぎは五百メートルばかり北にいったシェフィールドの町中にあるエゼキエル・ランドン氏の住居に移っていった。それが数時間後におさまると、翌朝までは静かだった。氏の家族が朝食をとり始めるとまた始まり、二、三時間続いた。その日の夜、また数時間繰り返された。次の日の朝もまた始まり、午前中いっぱい続いて、今度こそ完全に終わった。店に投げ込まれたのは木片、木炭、石、もっぱらこの近辺では見かけない固いモルタルなどだった。ランドン氏の家では最初は石ばかりだった。割られたガラスは、店と家で、それぞれ合計三十八枚と十八枚にのぼった。飛んできたものが身体に当たったと証言する者が二、三いた。驚くべきは、ガラスが割れるその時まで飛んでくるものが見えないということであり、ガラスを割ったのが何であれ、きちんと窓台の上に落ちていることだった。漆喰や木炭のかけらは、まるで誰かの手で並べられたとでもいうように並んでいた。そしてみな同じガラスの穴を続けて通ったようにしか見えない。聖職者やその他の紳士たちも含めて、何百もの人々が自分の目で確かめようと集まった。しかし誰にも災いの原因は突き止められなかった。迷信深い者たちは魔術によるものだと信じた。しかし大抵の人間はそれが人の手によるものだと判断した。たくさんの人間が協力し合って個々にものを投げつけた結果、建物のあらゆる方角の窓が同時に割れたのだと。

姿を見せずにこっそり石を投げることは、悪魔の性格にはそれほど合っていない。悪魔は旧世界の人々とは個人的な対面を果たし、取引をもちかける。そしてアメリカでも伝説上にその姿をみせて取引相手を見つけだしている。ニューハンプシャーではジョナサン・モールトンがファウスト的な役まわりで魔王と対峙した。南カリフォルニアでバーニー・オクスマンが召喚した悪魔は詐欺師だった。もう一人のファウストであるヤンキー・ジェイベズ・ストーンと取引をした悪魔はいかにも邪悪そのもので、唯一ダニエル・ウェブスター（十九世紀前半のニューイングランドを代表する政治家・法律家・弁論家。悪魔と契約を交したジェイベズ・ストーンを救ったと伝えられる）だけが悪魔を阻むことができた。ニュージャージーでは、最近また魔王が地上に降りてきて、怖ろしくも奇怪な訪問客として姿を見せているようである。今でも悪魔が「ジャージーの悪魔」

として存在している同地では、これからもそう呼ばれていくであろう。

From Charles M. Skinner: *Myths and Legends of Our Own Land*, 1896. ［佐々木］

［注1］John Warner Barber: *Historical Collections of Every Town in Massachusetts*, 1839.

メアリー・セレスト号事件における虚構と真実

ブリッグ船（二本マストの帆船）メアリー・セレスト号が大洋のど真ん中で棄船の状態で発見された状況は公式記録として残っているが、記録はそれ以外のことは何も語っていない。乗員乗客合わせて十三名の命運は不明のままである。十三名とは、なんと不吉な数であろうか。迷信深い性質《たち》の船乗りならこう言うだろう「十三人で乗ったんだったら、もうどうしようもないな」

遭難から何年も経過した現在（一九一三年）、実際のところ我々が知り得ることといったら、棄船を発見した船の船長が知っている以上のことはないのだ。そこにはさまざまな想像を掻き立てる余地がある。というのも公式記録からはだれも筋道の通った推測を引き出すことが出来なかったからである。そうはいっても実際に起こったことに真実がないはずはない。全容は三十八年の間に次第に明らかにされてきた……。

一八七二年九月初旬、ニューイングランド出身のベン・グリッグズ船長は、ニューヨーク、イーストリバーの埠頭に立って、自分の指揮する船の船室に最後の積荷が積み込まれる様子を見守っていた。積荷は妻のミシンであった。というのは、グリッグズ夫人は夫に従って、五百トンのメアリー・セレスト号でジェノアに向けて出航することになっていた。ミシンが吊り上げられて積み込まれようとしたちょうどその時、七歳の娘と十二歳の息子を連れた船長夫人が船主に伴われて埠頭に姿を現した。少年はグリッグズ船長に駆け寄ると、哀願した。「ねえ、お父さん、妹といっしょにぼくも航海に連れて行って」「やめなさい、おまえ、そんなにせがむんじゃない」父は答えた。「おまえはこれまでにもう二度も私と航海しただろう。だから今度は学校へ通うためにうちにいなくてはいけないよ」「でも、お母さんと妹がいないとさびしいよ」少年は抵抗した。「ああ、それもそうだな」父親は考え込んでしまった。そこで船主に向かって尋ねた。「社長、息子が母親と妹に同行することをどう思われますか」船主は首を横に振った。「船長、私としては、この子は勉強に専念すべきだと思う」それでことは決した。帆船が出航するため船首を転じようとしている間、船長の息子は父親の雇い主の隣で桟橋に立ち尽していた。そして船主が店に連れて行ってお菓子とおもちゃを買い与えるまで、悲嘆に暮れて泣き続けた。セレスト号の航海に息子を同行させなかったことで、船長は子供の命を救ったことになった——だがいったいどういう危険から救ったというのか。誰もその問いには答えられないだろう。数週間が経過し、二ヶ月余りの時が過ぎた。そして突然、国務省を通じてジブラルタルの合衆国領事から船主に宛てて、次のような通知書が送られてきた。

一八七三年一月二日　ジブラルタル発
アメリカ合衆国ニューヨーク船籍ブリッグ船メアリー・セレスト号は、イギリス船籍バーク船（三本マストのうち前二本に横帆、最後尾のマストに縦帆のある帆船）デイ・グラティア号によって当地に曳航された。メアリー・セレスト号は十二月五日、公海上で棄船の状態で発見された。本船は完全に航行可能な状態ではあるが、海事法廷によって遺棄船として押収された。乗組員の生死は不明である。

不運な帆船の船主は、直ちにジブラルタルに向けて旅立ったが、出発に先だって、グリッグズ船長の幼い息子に通知書の写しを送った。「お父さんがぼくをいっしょに連れて行ってくれていたら」少年は言った。「今もみんないっしょに幸せでいられたのに。だって、ぼくを置いてお母さんと妹を連れて行ったから、船に乗っていた人数が十三人になってしまったんだ」

一八七二年十二月五日正午、ジブラルタルから西へ三百マイルの大西洋上は、水車用貯水池のように凪いでおり、互いの視界に入る位置に三隻の船が航行していた。そのうちの一隻は西インド諸島へ向かうドイツ船籍の不定期貨物蒸気船で、セレスト号の船首三マイル先を横切ろうとしていた。蒸気船は承認を求めて帆船に向け信号を送ったが、何ら返答は得られなかった。帆船は沈黙したままであった。そこで蒸気船は帆船に、「そうか、おまえはおれたちの合図も報告も受けるつもりはないんだな、それならこっちもお返しだ」と言わんばかりに船首を真南に向けると、やがて水平線の彼方に姿を消していった。三隻目の船が、ジブラルタルに向かっていたイギリス船籍、ボイス船長指揮するところのバーク船デイ・グラティア号であった。ボイス船長は望遠鏡で、ドイツ船がセレスト号に向けて発した合図の信号を見ていた。そしてやはり、敬意を表す公海上の共通信号に対して、セレスト号が回答旗を掲《かか》げるのを虚しく待った。「どう考えても奇妙だ、ひどく無作法だ」イギリス人船長はそう思い、調査してみようと決意した。「海上での合図に答えないのは、熟練の船乗りにしてはひどく横柄で無作法な態度だ」と思ったが、バーク船のイギリス人船長は、蒸気船のドイツ人船長に比べて、はるかに好奇心旺盛だったのだ。南から吹く微風のおかげで、ボイス船長は沈黙を続ける帆船に合図が送れるくらいの距離まで船を進めることができた。「あの船にはなにか問題があるようだ」船長は航海士のアダムズに話しかけた。

「そのようです、船長」航海士は答えた。「本来、帆はすべてきちんと張られているべきです。それにあのように針路を外れています、船長。船の動きからすると乗組員全員が酔っ払っているかのように自分には思えます」

いまやセレスト号まで半マイルの距離に近づいていた。船長は望遠鏡を通して、そして航海士は双眼鏡を使って、奇妙な動きをする帆船を綿密に調べ始めた。そして突然ふたりは同時に叫んだ。「甲板に人っ子ひとりいないじゃないか」

「こりゃ驚いた。だれもいない。でももちろんどこかにいるんだろう」船長は言った。

それでもまだ帆船からの応答はなかった。

「なんてこった。アダムズ、緊急信号旗を掲げろ。そうすればいくらなんでも気が付くだろう」

直ちに緊急信号旗が掲げられた。しかし依然として答えはなかった。その間に帆船の動きの奇妙さはますます著しいものになった。風向きが順風に変わっていたにもかかわらず、帆の角度がそれに応ずるようすもなく無意味にはためくばかりだったのである。

「ばかな」イギリス船の船長は大声をあげた。「誰の姿も見えないのは不思議だ。一体何のために隠れているんだ。でもだれかいることはいるんだろう、間違いなく。なんたってここまで船を航行させてきたんだからな。畜生、俺たちから逃げようとでもしているのか」

ボイス船長は今度は手をメガホンのようにして口にあてると大声で呼びかけた。

「おおい、ブリッグ船の諸君」航海士も声を合わせて叫んだ。今や声をかければ聞こえるほどの距離まで近づいていたのだ。しかしそれでも謎に満ちた帆船から返答はなかった。今やイギリス船の乗組員全員が肉眼で甲板の様子を調べることができたが、人がいる証しを見出すことは出来なかった。

「ボートを降ろせ」ボイス船長は大声で命じた。「アダムズ君、船に乗り移るしかないようだな。乗組員が酔っ払っているのか、殺されているのか、熱病か飢えのため死んでしまっているのか、あるいは――」船長は振り返って航海士の目を見つめた。

「あるいは、船を捨てて逃げたのかもしれません、船長」航海士は訳知り顔で答えた。

「でもそんなことはないですよね、船長。なぜ船を捨てなくてはいけないんでしょう。船は完全に無傷のように見えます」

穏やかな海面に浮かべたボートに船長と航海士が乗り込むと、ふたりの船員がオールを操ってデイ・グラティア号から不可思議な帆船に向かった。近づくにつれて船尾の部分に記された「メアリー・セレスト号　ニューヨーク」という船名が読み取れた。

「おおい、セレスト号の乗組員諸君、甲板に出てこい」船腹沿いに船首の方向に向かいながら、ボイスは呼びかけた。返ってきた答えは高く掲げられた帆の眠そうなはためきだけだった。「どう見ても甲板上には異変はないようだ」船長は言った。「何か起こっているのは下の船室でかもしれない」そこで船長はふたりの船員にそのまま待機するように命じると、航海士を伴ってチェーンプレート（横静索留板）をつたって帆船に乗り移った。舷墻《げんしょう》（上甲板の舷側にある波よけ用の低い板）越しに甲板を一瞥すると、船長は言った。「乗組員は皆船室にいるんだろう、見渡した限り誰もいないし、舵輪にすら人が配されていない」

　ふたりのイギリス人は船の状態を注意深く観察しながら船尾の方向へ向かった。何一つ失われたものはなかった。航海中の船が必要としているものは一つとして欠けていなかった。明らかに第一級の船舶で、塗装もなされたばかりで装備も最新式、何もかもが真新しかった。そうした申し分のない状態の船に漂う異様な静けさには、恐怖心を呼び覚ますものがあった。ふたりは背筋が寒くなるのを覚えた。船は見捨てられたのか。ふたりには、その船が、漂う墓地、亡霊の船、以前読んだことがあるさ迷える幽霊船のように思えた。船首から船尾へ、船室から水夫部屋へと、ふたりは捜索を続けた。しかし人っ子ひとり、生者も死者も発見出来なかった。

「反乱に違いない」船長は断言した。「船長と航海士は海へ投げ込まれたんだ。だがしかし反乱を起こした連中はどこなんだ。このかくれんぼは一体何のためなんだ」

謎に満ちた船を今一度隅々まで点検して、ふたりは船室に戻ってきた。

「あの、反乱があったとは思えませんが、船長」航海士は言った。「争った跡がまったく見られませんからね」

「海賊に襲われたわけでもないな」船長が言った。「金が保管されていた箱には壊された形跡などないし、積荷は高価なものだが、手がつけられていない。暴力行為があったことを示すものは何もない」

「飢餓でもありません、船長。全員熱病におかされて気が狂って船べりから海に飛び込んだんですよ。食糧はたっぷりあるし、薬箱は手つかずのままですから」

「嵐でもないようだな、アダムズ。竜巻や大波で船外にさらわれた様子もない。サンディーフック（ニュージャージー州東部、ニューヨーク湾の南方に突出した半島）を出航して以来航海日誌には何も記されていない」

「では、船長、反乱も起きず、海賊にも襲われず、嵐にも遭わず、難破したわけでも浸水したわけでもなく、飢餓も病気もないとしたら、一体何があったというんです、船長。大海蛇が甲板に頭を突っ込んで、ひとりひとり呑み込んだとでも言うんですか」

「全員が船を捨てた、アダムズ、これは明白だ」船長は大海蛇襲撃説を無視した。

「ええ、船長、全員が船を去った。でもどうしてですか」

「どうしてだって。それがいちばんの謎だよ、きみ。強制されたわけではない、それはこの様子からも容易にわかる。進んで棄船した、そしてそれに対して何の準備もしていなかった。それもまた確かなことだ。棄船する直前までそのことを知らなかった。不可解な理由でただちに去らなければならなかった。なにしろ朝食の真っ最中に船を捨てているくらいだ。それに身に着けているもの以外は布きれ一枚持っていかなかった。くそっ。経度測定用時計《クロノメーター》（温度変化などの影響がきわめて少なく正確な携帯用ぜんまい時計）以外何も持っていかなかったんだ。なぜ経度測定用時計《クロノメーター》かって？　経度測定用時計《クロノメーター》だけ見つからなかっただろう。私が思うには船舶書類も持っていったようだ。もっとも、我々が調べ損なった引出しのどこかにしまわれていて、まだ見つけていないだけかもしれないがね」

「つまりはっきりしているのは、彼らが経度測定用時計《クロノメーター》と、そしておそらく船舶書類のみを持って船を捨てたということですか。でも進水した日のままといえるほど完璧な状態の船をなぜ捨てたのでしょう。排水ポンプを動かしてみましたが、船には余分な水分は一滴もありませんでしたね。この船はすみからすみまで完璧な状態ですよ。おや待てよ、ここに血痕がある」航海士は船室の壁に掛けられた鞘から反り身の短剣を引きぬいて、刃に点々とついたしみを指差した。「血の痕ですよ、船長。しかしこの短剣を使った男はなぜまた鞘に戻すなんて面倒なことをやったんでしょうね。それに」——鞘の周りの木製の壁板を見ながら——「このしみを見てください、血です。海賊ですよ、船長、それで決まりですね。キャプテン・キッドの仕業ですよ。やつが乗組員全員に船板を歩かせて殺したんですよ（十七世紀の海賊は、捕虜に目隠しをして舷側から突き出した板の上を歩かせ突き落として殺した）」

「海賊だ、アダムズ、そうだ。だがしかし貴重品が残っているぞ——航海士の部屋には時計が二個あったし、婦人用の指輪や宝石類もあった。金の箱には現金がいっぱい詰まっている」

「しかし、船長、いずれにしても、この船は我々の戦利品ですよね」

「アダムズ、そうだな。だが私にわからないのは彼らがどういう方法で船を去ったかということだ。この船のボートではないぞ、そうだろう」

「そうです、船長、この船のボートではありません、このクラスの船が搭載するボートはここにこうしてあるし数も欠けていない」

「ということは、アダムズ、彼らは他の船のボートで去ったんだ」

「他に考えられる方法はないでしょうね、船長」

「では、アダムズ君、あと我々のやるべきことは、この船をジブラルタルまで曳航して、なぜこのような最高級船がうち捨てられたのか理由を見出すことだな」

読者諸氏もこの不可解極まる船舶遺棄事件を解明してみたいと思われたのではないだろうか。それではここで遺棄船メアリー・セレスト号の船上でふたりのイギリス人船乗りが行なった調査の結果を更に詳しく紹介しよう。

その一、棄船の原因は、嵐や悪天候のためではないことは明白である。

「ミシンを見てみたまえ」船室の状況について航海士と論じている時、船長はそう言った。「この船には婦人が——おそらく船長の奥さんだろう——乗っていたんだ。そして奥さんがどこへ行ったにしろちょっと前まであのミシンを使っていた。ミシンの角《すみ》に指抜きが置いてあるのに気が付いたか。婦人が棄船したその時、嵐に見舞われてはいなかった。つまりちょっとした横揺れでもカタン糸の糸巻きはミシンから転がり落ちるだろうからな」

「子供も乗船していたようですね、船長」航海士が言葉を差し挟んだ。「女の子のようです。奥さんがミシンで縫っていたのは子供用のエプロンドレスではないかと思います。おそらく船長の子でしょう。奥さんは袖を縫いつけるのを中断して船を去ったんですね」

「いや、違うようだ」船長は反論した。「朝食を摂るために縫い物を中断したんだ」そして四人の人間が食事半ばで永遠に船室を去った様子を示す食卓を指差した。食卓に付いていた四人とは、船長、その妻、幼い娘、そして航海士であったろうと思われる。オートミール、コーヒー、ベーコンエッグといった食べ物は、それが朝食であったことを示していた。子供はもうほどんどオートミールを食べ終わろうとしていた。船長の席には、固ゆで卵が殻つきのまま二等分されて放置されていた。それは明らかに船長が殻を割った直後に船室を去り二度と戻らなかったことを示していた。別の席には――おそらく船長の妻の席であろう――当時よく使用されていた咳止め薬の瓶がほとんど使われていない状態で置かれていた。コルク栓がテーブルクロスの上に置かれていて、船上での婦人の最後の行為は薬瓶のコルク栓を抜いたことではないかと思われた。そして船が遺棄されてから海がずっと凪ぎ続きだったことの証しとして、その細長い薬瓶は食卓の端にまっすぐ置かれ、中身は一滴も瓶からこぼれていなかった。船首楼内の水夫部屋でもこんろの上に朝食の鍋がかけられていて、船員たちが船べりを越えて船を捨てて去っていくのではなく、朝食の席に集まってくるはずであったことが見て取れた。

その二、反乱の勃発とか海賊の襲撃があったというような痕跡はまったくなかった。あらゆる暴力行為や争いがあったと思われる形跡はない。さらに、すでに述べた通り、金の箱の中身はおそらく無傷と思われる状態で発見されている。

その三、船はどのくらいの期間放置されていたのであろうか。この問いには航海日誌が答えを出してくれているが、それが果たして真実か否か確認する方法はない。日誌の最後の記入は、セレスト号がデイ・グラティア号に発見される四十余時間前になされていた。嵐への言及はなかった。日誌は航海士の部屋で発見された。一八七二年九月（原注十二月）二日午前七時に記入された内容は、緯度と経度、それに南から吹く微風のことだけであった。

その四、船を去ろうという意志があった様子も棄船のために何らかの準備がなされた様子もまったく見られない。船員たちが棄船をまったく予期していなかったこと、しかしそれにもかかわらずまったく突然に大急ぎで船を棄てたということが、棄船のその朝、朝食前に下着の洗濯をしているという事実で証明された。ボイス船長と航海士が船を調査している時、船首楼の上に張られた綱に船員の下着が干されていたのを見ているのだ。航海士の部屋には、集計するための数字が書かれた書類が発見された。船を去るために呼び出された時、航海士は朝食を摂っていたのであろうか、それとも計算していたのであろうか。というのは、三列ある数式のうち、最初の二列しか計算が終わっていないのだ。

その五、羅針儀箱と羅針儀は見つかったのに対して、経度測定用時計《クロノメーター》はなくなっていた。船を調査した二人の船員が見た限り、おそらく船舶書類を除くと、それ以外に船から失われたものはまったくなかった。船乗りというものは——正確には、大抵の船乗りは——パイプや煙草を手放すものではない。船首楼には八本のパイプときざみ嚙み煙草の缶が数個残されていた。船乗りが煙草を吸うのを忘れてしまうほど恐ろしいことが起こったのだろうか。

その六、そしてもっとも説得力を持つのは、セレスト号の救命用ボートがあるべきところにあったということである。では十三人の乗員は、他の船のボートがないとしたら、どうやって船を去ったのであろうか。浸水もしていない船から即刻去らねばならなかったとは、死の恐怖を喚起するどんな内容の伝言を、他の船はもたらし得たのだろうか。

その七、「私が知りたいのは」と、拿捕船をジブラルタルに曳航する時、船長は言った。「短剣と壁板にどうして血痕がついていたかということだ。それとだな、アダムズ、母と子が子供の寝巻きも持たずに大洋のど真ん中で、良好な状態の船から去って行くということがあるだろうか」

それ以外、この謎に関する公式の資料は甚だ不充分なものである。国務省の公文書を以下に示す。

船舶乗員乗客行方不明事件

文書番号第一三六、アメリカ合衆国ジョンソン領事より、一八七三年一月七日ジブラルタル発、「ブリッグ船メアリー・セレスト号搭載の短剣及び付近の木製壁板に付着していた血痕の存在に矛盾する分析結果」

文書番号第一三七、同右より、一八七三年一月二十日発、「メアリー・セレスト号の所有者代表が海事法廷に船の引渡しを求めてニューヨークより到着。行方不明の乗組員の安否に関する情報はなし。同船内より経度測定用時計《クロノメーター》及び船舶書類は発見されず」

文書番号第一三八、「一八七三年二月十二日、ブリッグ船メアリー・セレスト号は、元の所有者に返却さる」

文書番号第一三九、「ブリッグ船メアリー・セレスト号の船主はジョン・ハッチンズ船長をニューヨークから派遣、同船長指揮のもと、ナポリ入港のための正式手続きを終了す。メアリー・セレスト号最後の航海時行方不明となった航海士ヘンリー・ビルスン氏の遺品が、ニューヨーク在住の同夫人宛に送付さる」

そして、一方で、国務省は、世界中の港に駐在する合衆国の代表部に宛て、行方不明の船員の捜索を指示したが、セレスト号の十三人を救出したという船は一隻も入港しなかった。

以上が一九一三年発行の『ストランド・マガジン』誌に掲載された記事であるが（ジョージ・S・ブライアンの原著『謎の船』は前半が流説について、後半が実際に起こったことについて述べている。以下は同書の後半部分の抜粋である）、さて、ブリッグズ船長の従兄弟であるオリヴァー・カブ博士は、事件の顚末についてついに確信し得る結論に到達したのであるが、我々もここで、博士にならって棄船の経緯を推測してみよう。積荷のアルコールは涼気漂う秋のニューヨークで積み込まれた。そしてメアリー・セレスト号はメキシコ湾流を横切って、十一月二十五日にはかなり温暖な地域に到達した。そこで浸出していたアルコールが気化して船倉に充満したのだろう。それに対して危機感を抱いたブリッグズ船長は（後に判明したところによると、不必要なことに）夫人と娘のソフィアのことを思い、起こり得る危険を避けて乗組員全員が退船することを急遽決定した。

軽量帆を巻き上げて大檣帆を下ろすように命じると（実際には大檣帆は帆桁から垂れ下がったレージー・ジャック（帆を下げる時急降下しないように制御するロープ）によって巻き上げられていたと思われる）、船長は操舵手に「下舵を取れ」と指示し、船が右舷開きで帆走するようにしたのだろう。船が右舷開きで進んだということは（つまり風が右舷側に吹いていたということだ)、デイ・グラティア号に遭遇した時、船首三角帆の帆脚綱と前檣のトップマストステースル(支索に張った長三角形の帆)が「左舷側に固定されていた」というデヴォー(デイ・グラティア号の航海士)の証言からも明らかである。船が航行するにあたって、前檣の帆桁は横帆を逆帆にするため、転桁索で右舷側に回してあった。前檣の横帆とは、前檣帆、下前檣トップスル、上前檣トップスルである。風はまもなく向かい風となって船の速度は落ちてきた。その時は船員のひとりが舵輪を握っていたのだろう。帆桁は、風向きが変わって反対側から風を受けるまで逆帆になっていたのだろう。

　船べりの手すりの部分が取り外され、唯一艘の救命用ボートが索具なしで左舷側に降ろされた――その方法はデヴォーによって可能と証明された。引き綱の代わりとして使うために船首狭尖部の主動索の結び目が解かれ、一方の端は斜桁《しゃこう》(縦帆の上縁や下縁を張り出している円材)にしっかり結びつけられた。動索はおそらく円周四分の三インチ、直径は一インチほどであったと思われる。船上の斜桁に結びつけられた位置は甲板から八フィートほど上方ではなかっただろうか。動索自体の長さは四百フィートほどであろう。大檣帆が巻き上げられていたため、動索の利用が可能だったのだ。そしてそれをボートのもやい綱に結びつければ、充分な長さをもった極上の引き綱がすぐにでも使える状態で準備完了というわけである。

ブリッグズ船長は経度測定用時計《クロノメーター》と六分儀および船舶書類を持った——ここで動きは俄然性急さを増す。メインステースル（大檣支索に張った三角帆）を巻き上げず、舵輪も固定しないまま、全員がボートに乗り移った。おそらく羅針儀は、羅針儀箱を動かして急いで取り出そうとした時、不慣れな船員が慌てて壊してしまったのだろう。ボートには十人が乗りこみ、四百フィートの緩んだ動索はもやい綱に結び付けられた。予期せぬ強風が北から吹きつけ横帆を膨らませた。動索はピンと張り、船は速度を増し、引き綱は船端から斜めに引っ張られた。その拍子に動索は引きちぎられ、ボートは本船から離れ、大洋を漂い始めた。

（審問会において、デヴォーは「主動索は切断されていた」と言っている。そしてランドが「切れて無くなっていた」と証言して前者の陳述を補った。もし動索が「切れて無くなっていた」のなら、他にどこに消えてしまったというのか。デイ・グラティア号の乗組員は、綱が係柱あるいは舷墻に固定されていなかったことを間違いなく確認していた。ゆえにライトは「私は引き綱の残骸すら見ていない」と証言し、デヴォーも「私は舷墻に結び付けられた係索もボートの綱もまったく見ていない」と言っている。動索は「切れて無くなってしまった」と、彼らは確信していた。というのは食料貯蔵室から一巻きの綱を探し出してきて新しい動索として取り付けるまで大檣帆を揚げることが出来

なかったのだ——審査官のオースティンは報告書にこのように記している）

八人の男、そしてブリッグズ夫人と幼いソフィアは小さなボートに身を委ねて、大洋のど真ん中に放り出された。羅針儀はなかった。彼らが食糧と飲料水を持っていたかどうかは明らかではない（オースティンが発見した散乱した食糧とは、デイ・グラティア号の船員が残したものであろう。「我々はメアリー・セレスト号の船上で発見した食糧を食べた」とデヴォーが言っている）。おそらく船員たちは母船に追いつこうとしばらくはボートを漕ぎ続けたのだろう——しかしそれは虚しい望みだった。一隻の船も彼らを救出することはなかったし、ボートがアゾレス諸島（大西洋ポルトガル西方にある群島）に到達することもなかった。

帆船は漂い続けた。突風を受けて、前檣帆と上前檣トップスルを失った。やがて西風を受けて向きを変え、波をかぶった——船首楼と船室に残っていた海水はそれであろう。両方とも扉は開け放たれていた。前方のハッチも開いていた——おそらく風で開いてしまったのだろう——これで甲板に残っていた海水の説明がつくかもしれない。船は時々船首を風上に向けて風に漂い、追いつけるかもしれないという希望を、ボート上の乗組員に抱かせたかもしれない——もしまだ追い続けていたとしたらだが。やがてステースルと船首三角帆はふたたび風を孕み、順風を受けて帆船はまた速度を早めた。最初は帆の風上下隅《かぐう》に、ついでその反対側に風を受けて、デイ・グラティア号に接近して行った時と同様、概ね直進していたものと思われる。

ノヴァスコシア出身のW・M・コリンズ船長は、(一九四一年に) 筆者にこう語った。「カブ博士は棄船の経緯について独自の説をお持ちだが、それはほぼ真実に近いと思いますよ。経験を積んだ船乗りにしては、あの棄船は時期尚早な行為でした。早過ぎる判断がこれまでにも多数の人の命を奪ってきたのです。私は何年も海における生(そして死)の様相を見てきましたし、私自身も何回かそのような経験をしたことがあります」

一九二六年、八月十五日付の『ボストン・サンデー・ポスト』紙のインタヴュー記事で、D・R・モアハウス夫人は夫のモアハウス船長(デイ・グラティア号船長)が、ブリッグズ船長と乗組員は気化して船倉にたまったアルコールが爆発するのを恐れて船を捨てたに違いないと言っていたと、語った。「夫は何百回となくその話を繰り返し、最後には首を横に振りながら「ブリッグズ船長も気の毒なことだった。船長と奥さんと船員は全員あんな屋根もない小さなボートで死んだんだ。他に選択の余地はなかったのだ」と言っていたのを私は聞いています」

この発言は、メアリー・セレスト号の船主代表であったJ・H・ウィンチェスター船長の意見と概ね一致する。ウィンチェスターは名船長として鳴らした人で、自身も同様の経験をしたことがあった。ブリッグズ船長をよく知っていて、（リチャードスンの妹であるプリシラ・シェルトン夫人によれば）姪のひとりはアルバート・G・リチャードスン航海士の妻であった。船長は副海事法廷で開かれた遭難船審問会に出廷するためジブラルタルに出向いており、その時法廷の管轄下で港に係留されていたセレスト号を視察しただけでなくその時弁護士を務めたコーンウェル氏およびスプレーグ領事とさまざまな証拠について詳細に論じる機会に恵まれたのだ。一九一二年一月三十日に亡くなるまで、船長は事件について徹底的に考察し、自身の見解を構築するに至った。

船長の孫、ウィンチェスター・ノイス氏は、船舶仲買会社J・H・ウィンチェスター社の社長になった人であるが、一九一三年十二月二十四日付の『ノーティクル・ガゼット』紙で、ウィンチェスター船長が「常々思っていた」ことを語った。悪天候が続いた後、気化したアルコールが自然に爆発し前方のハッチを吹き飛ばした。爆発音とそれに続いて現われた煙のような気体に危機感を感じて、安全のため全員がボートに乗り移ったのだ。しかしその後爆発は起こらなかったし、船が火災に見舞われることもなかった。新鮮な空気が流れ込んで船倉の温度を下げたのだ。その時ちょうど順風が吹いてセレスト号はボートから離れて行った。そして乗組員たちは別の海の悲劇の渦中で命を落とすことになったのだ。ノイス氏の見解は、筆者の考えとほぼ一致するものである。

From George S. Bryan: *Mystery Ship*, 1942.［竹迫］

偶然

ちょうど、労働者の日（九月第一月曜日・祝日）を控えた週末（運送機関の稼ぎ時である）のことだ。蒸気船が発着する島一番の大きな埠頭で金庫破りがあり、売上金が盗まれた。額にして七千百五十ドルと九十一セント。犯人逮捕は難しい状況で、単独犯か複数犯かも不明だった。ところが、田舎にいかにもふさわしい微笑ましいある出来事が事態を一変させる。しばしば殺風景な日常に小説のような色合いを加味するロマンス。季節はつかの間のロマンスにふさわしい夏、舞台も海に近い避暑地と恰好である。少年は蒸気船会社に雇われた切符売りで、少女はその時期をホテルのウェイトレスとして過ごしていた。少女が支払った五ドル札を手にした少年。暑い夏、若い二人のことである。少年は紙幣に「記念に。H」と書きしるす。紙幣はお守りとして事務所の金庫に入れておき、夏が終わる前に他の紙幣と交換して請け出すつもりだった。

金庫破りとその仲間たちにしてみれば、盗んだ会社の売上金に、そんな特別なものが紛れていようとは思いもしなかったはずである。以下に続く偶然は、あまたの偶然の中でもかつて無かったような素晴らしい偶然である。ファウラーという名の、のちに犯人でしかも主犯格の一人だと判明することになる男が、しるしの付けられた紙幣を蒸気船内で遣おうとしていた。そこへ乗り合わせたのが、恋する切符売りの少年だった。夏が終わり、家に帰る少年が、もしほかの日に船に乗ったなら、あるいはせめて乗船時間が二時間ずれていたならば、事件解決に貢献することはなかったろう。しかし偶然によって導かれたこの旅で、正甲板の談話室に入った少年の耳には蒸気船の事務長が窓の傍で話しているのが聞こえてきた。文字の書かれた紙幣のことだった。好奇心から紙幣を一目見てみる。あとの始末は警察が喜んで引き受けた、という訳である。捕らえられ、観念したファウラーは変わり身も早く密告者となり、アーチー・ドルーも刑務所に送り込まれたのだった。

From Henry Beetle Hough: *Country Editor*, 1940.［佐々木］

ブレーディーの跳躍

この地方には人の名前を冠した場所が数多くある。勇敢な行いをした者らの記念として、人々がそう名付けたのである。その人物の名声は伝承によって後世に伝えられる。父から子へと逸話は手渡されるのだ。けれども、命名の由来の多くは人々の記憶のなかで眠りにつき、耳慣れた言葉としてブレーディーの名を口の端にのぼらせた先祖とともに、すでに忘れ去られている。そうした驚異的な話のうちの幾つか、少なくともひとつについて、現代の学者たちは、証拠とすべきものが人々の曖昧な記憶しかないと知り、不信の眼差しを投げかけている。岩棚に挟まれたせいでカイヤホガ川がごく狭くなっている箇所があって、川の幅はそこでわずか三十フィート弱（約九メートル）となる。その場所が「ブレーディーの跳躍」という名を冠されていることは、学者たちにとっては何の意味もないだろう。だが、かつては由来となる話がブレーディー自身の口から話され、その話を聞いた者はたいがいが信じたのだった。

ブレーディーは二十人もの仲間と共に、サンダスキー近郊を探索するという役目をおおせつかった斥候の一人として出発した。だが、後に彼の名前で呼ばれることとなるオハイオ州ポーテイジ地方の小さな湖のほとりで、インディアンの集団の待ち伏せを受けたのだった。続いて起こった激越な戦闘を切り抜けて、二人の白人が命からがら逃げ出し、そのうちの一人がブレーディーだった。それがブレーディーと湖との関わりの最初のものだった。戦闘があったのが湖の南岸であることは、彼の友人たち、たくさんの頭蓋骨と剣を発見した友人たちによって証明されている。

事情に通じている者によると、カイヤホガ川をブレーディーが跳び越えたのは戦闘のすぐあとだという。別の詳しい者によれば、危機一髪でインディアンから逃げることができたのは、結末を考察する時に証されるように、おそらく、多くの冒険をなしとげた日の翌日のことであるようだ。

サンダスキーから距離にしておよそ百マイル、激しい追跡を受け逃げてきたブレーディーは、カイヤホガ川までたどり着いた時に敵に取り囲まれたことに気づいた。後戻りはできず、とはいうものの、どうやって二十五フィートも幅がある深い谷に橋をかけることができるというのか。だが、雄叫びをあげているインディアンたちから逃れるすべはどこにもなかった。ブレーディーは持てる勇気のすべてを奮い起こし、大きく口を開けている谷の上を、反対側の崖めがけて跳躍した。だが、跳び越えるまでにはいたらず、とっさに絶壁の上に生えている草を摑んだ。草は根元から抜けた。谷底の方へ、自分の身長分ほど滑り落ちた。だが、彼の強固な意志は諦めるということを知らなかった。力強い手はべつの手がかりを摑み、ブレーディーは体を引き上げると、逃走を続けた。驚きのあまり、反対側に立っていたインディアンたちの動きは静止した。だがすぐに正気に戻るとブレーディーの背に何本か矢を射掛け、一本が足に命中した。

傷を負ったにもかかわらず、ブレーディーは走り続けた。インディアンたちは絶壁から引き返し、立石《りっせき》のある辺りで川を渡った。岸はなだらかな傾斜になっていて、川まで簡単に近づくことができたのだ。いまだ激しい追跡がなされていることに気づくと、ブレーディーは彼の名で呼ばれることになる湖へ方向を転じ、水中に飛び込んだ。インディアンたちはもう間近に迫っていたし、傷のせいで早く走れなかったので、どこかに隠れたほうがいいと思ったのだ。手足で水をかき、睡蓮の幅広の葉と白い花で覆われている所まで泳ぐと、ちょうど窪みがあり、睡蓮のしなやかで中空の枝が目に入った。試してみると頭を水面より下に隠したまま、口に茎をくわえて息をすることができた。

インディアンたちは、ブレーディーが残した血の跡を目印に水際までやってきた。だが血痕はそこで途切れており、途方にくれた。もし湖の岸を時間をかけて調べていたら、ブレーディーは水の外に出ることができず、生を終えていただろう。傷を負い疲れ果て、意思に反して水面に姿をあらわし、敵の手にかかるよりは、むしろ死を選んでいたはずである。日没を迎え夜になっても、生きているのか死んでしまったのか確信を持たぬまま、インディアンたちはブレーディーを探し続けた。だがついに諦めると、ブレーディーが一跳びで川を跳び越えた場所を、詳しく調べるために戻っていった。ブレーディーはというと、危険が去ったことを見てとるとすぐに水から上がり、開拓地へと逃げおおせたのだった。

断崖に戻ると、インディアンたちは細心の注意を払ってブレーディーが跳び越えた場所を調べた。実際に川幅を測ることはできなかったが、目測でおおよその距離を測った。そして一つの確信に至った。彼らのうちの誰も、跳び越えることができないと確信し、自分たちが飛び越えることができないのだから、白人が為し得たと考えることはばかげていると納得したのだった。眼にした事実は明らかであり、なおざりにすることはできなかったのだが、あまりにも川幅が広すぎるという事実と跳躍が不可能であることを両立させる、賢い結論を下したのだった。「彼は人間ではない。川を跳び越えたのではない。野生の七面鳥となり飛んだのだ」と。

そして、このように結論を下したインディアンたちは、ブレーディーがしがみついた方の崖に粗雑な七面鳥の足の絵を描いた。実際に目にしたにもかかわらず、信じ難いとインディアンたちに思わせたブレーディーの驚異的な肉体能力を示す印は、一八五六年の夏まで残っていた。ピッツバーグのモーゼズ・ハンプトン判事が許可を得て岩を切り出すまで。距離は何度も測り直され、幅は二十五フィートから二十七フィート半に修正された。高さは絶壁のどちら側も同じで、水面から測って三十フィートであった。

From D. M. Kelsey: *Our Pioneer Heroes and Their Daring Deeds*, 1885.〔樫尾〕

鼠駆除のまじない

合衆国の他の地域でも聞かれる話ではあるが、ニューイングランドにはある種の人々に未だに信じられていることがある。もし家に鼠がはびこっていたら、手紙を書くという単純な方法で、鼠たちを追い払うことができるというのだ。文面は、引越して他の土地に居を定めるよう勧めるもので、そこでは決めてやった住まいと取るべき道筋をはっきりと指示するべきであり、また、引越しの利点について、当の相手の知能に訴えかけると思われるような表現を使うことも必要だとされている。家内の厄介者から家を解放するこの方法は広く知られているが、まず一般的には冗談として捉えられている。しかし、実際はユーモアと目されるべきそれはユーモアの範疇を越え、たいがい真剣に、しかも実に長いあいだ、人々の生活のなかで生き残ってきたように思われる。以下の記録はその実例であり、信憑性については、疑いを差し挟む余地はないと思われる。

本宅をボストンに持つ、さる紳士の別荘では鼠がはびこっていた。持ち主は毒を使うことを考えたが、空家になっている別荘を任されている管理人がもっといい方法があると申し出た。すなわち、その鼠に宛てて手紙を出すというのである。管理人は手紙を用意した。以下はその手紙を再現したものである。

一九八八年十月三十一日　メイン州……

鼠商会様御中――わたくし、冬の三ヶ月間におきます皆様のご健康につきまして、かねてより深く関心を寄せておるものでございまして、この度思いつきまして、筆をとらせていただいた次第でございます。この手紙はこれから先、少なからず皆様のためになりますことと存じます。皆様が冬の三ヶ月間をシーヴュー通り一番地××家の夏用の屋敷で過ごされることを考えまして、わたくしがお伝えできたらと思いましたのは、冬の寒い数ヶ月間、非常にお困りになるだろうということでございます。それといいますのも、わたくし、その家のすべてにわたって面倒みることになっておりまして、そのわたくしが、天井を取り壊し、床をあげて、皆様が快適な生活を送られるのに役立っていると思われます全てのものを一掃するつもりでいるのでございます。そのうえ、食べられる物はすべて取り除くつもりでおりますので、皆様の食料となるものは何も残らないでしょう。そういうことですから、他の土地に住居を定められたほうがいいかと思われます。ここで、インキュベーター通り六番地にあります△△の農場に触れておきたいと思います。その農場で皆様方は広い貯蔵庫に加えまして、家畜小屋に続いております納屋も見出されることでしょう。貯蔵庫はあらゆる種類の野菜でいっぱいですし、納屋には穀物が豊富に貯えられていて、そこなら皆様も何不自由なく幸せに暮らすことができるでしょう。もし、わたくしの助言を心にお留めになってくださるのなら、危害を加えるようなことはいたしません。けれども、そうでない場合には殺鼠剤のラフ・オン・ラッツを使用するつもりであることをここに申しあげたく思います。

敬具

この手紙は油を塗られ、筒状にまるめられて鼠が出入りする穴の入り口に差し込まれた。こうすれば、鼠は確実に読んで気にかけるだろうし、内心じっくり考えるだろうというわけである。結果はといえば、家の持ち主が確認してみると、厄介者の数はずいぶん減っていたのである。

この手紙を読んだ者は、ニューイングランドの農夫の説得力のある言い回しや主張の根拠と甘言、それに脅しの文句をうまくまぜあわせてあるところなどに舌を巻くほかない。隣人の納屋を選ぶにあたっても、住むのにうってつけの場所として推薦するわけで、それが移住の見返りであり、そちらを選ぶ方が賢明であるということをほのめかしているのである。

鼠に手紙を書くという慣習がニューイングランドだけのものではないことが次の抜粋から明らかである。一八八八年二月二十一日の『ボルティモア・サン』紙（二月二十三日の『ニューヨーク・タイムズ』紙にも引用された）掲載の記事である。

ジョージ・ジェサップ氏が残した遺言をめぐって争われていた一件は、昨日で証言がすべて出そろった。争点は、ボルティモア郡のコックニーヴィルにほど近い場所に建つ、ケニルワースと呼ばれる屋敷である。遺言はジェサップ家先祖伝来の家であるケニルワースを未亡人の死後、未亡人にとっては継子にあたる息子のジョージ・ジェサップ郷士に譲るとするもので、これに対して未亡人と故人の他の子供たちが、一八八七年四月三日に八十四歳で亡くなったジェサップ氏の精神が健康でなかったことを理由に、これを無効にすることを求めたのである。昨日尋問された被告側の証人の中にケニルワースから二マイルほどのボルティモア郡に長年住んでいる、ジェイムス・ハワード氏という人がいた。ハワード氏は、ジェサップ氏には常軌を逸したところなど全く無かったと証言した。反対尋問でチャールズ・マーシャル大佐がハワード氏に尋ねたのは、以前、ケニルワースの鼠駆除をジェサップ氏に提案したことがあるかどうかだった。

「はい、そうしました」証人は答えた。

「あなたはジェサップ氏に対して、鼠を追い払うのにどうするつもりだといったのですか?」

「手紙を使うと」

「手紙を使ってどうするつもりだったのですか?」

「読んで聞かせるんです」

「おやおや、だれに?」

「鼠たちにです」

「ジェサップ氏はそれに対して、あなたに幾らくれるつもりだったのですか?」

「わたしたちの間には契約書なんてなかったです」

「あなたが手紙を書いて、ジェサップ氏がそれを読みあげることになっていたのでしたね?」

「わたしが手紙を書いて、ジェサップさんがそれを読むことになっていました」

「あなたはそれで鼠を追い払えると思っていたというわけだ」

「結果については何も考えたりしませんでした。わたしは試してみたのです。それだけです」

「やったのですね？」

「やりました」

「あなたがジェサップ氏のところの鼠に手紙を書いたのですか？　それともあなたはジェサップ氏に手紙を書くように言っただけなのですか？」

「ジェサップさんは書きたがったんですが、わたしはあの人にやらせるつもりはありませんでした。その夜、家に帰ってわたしが手紙を書きました。いえ、娘に書かせたのです。それは確かです。それからジェサップさんのところへ持っていったんです」

「ジェサップ氏はその手紙をどうすることになっていたのですか？」

「わたしは、肉の貯蔵小屋へ手紙を持っていって読みあげてから、小屋の床に置いてくるように言いました」

「ジェサップ氏は実行したのですか？」

「わたしにはやったと言っていました」

「その手紙のなかであなたは鼠たちにもう十分長いことジェサップさんにたよって暮らしてきたと書きましたね？」

「はい」

「立ち去らねばならないとも書きましたね？」

「はい、もちろんです」

「路地をまっすぐに行くようにと書きましたね？」

「はい」

「石造りの家を過ぎ、そのまま進んで丘に上がり、教会を素通りして、有料道路を右に進むのでも左に進むのでもなくひたすら進むと、右手に白い大きな家が見えるから、そこで向きを変えて中に入って行くようにと。それはロウ大尉の家で、たっぷり食べ物にありつけるだろうと、書いたのでしたね」

「はい、その通り書きました」

「ジェサップ氏は紙が無くなったことをあなたに知らせましたか？」

「はい」

「それであなたは、まじないが効いたのだと、そう言いましたね」

「はい」

「ジェサップ氏は、紙がどこへいったと言ってましたか？」

「紙がどこへ行ったか、あの人は知りませんでしたし、わたしもそうでした」

「では、紙が無くなったことだけを言いに来たわけですね。すると、鼠は出て行かなかったのですか？」

「わたしが最後にジェサップさんのところに行った時は、かなり多くの鼠がいなくなったけれど、全部が出ていったわけじゃないと言っていました」

「手紙を理解したものはすべて出ていったということですか？」

「それについては分かりません。ひょっとすると、意味がわかっていても出て行かなかった鼠だっていたかもしれないです」

この尋問のあいだ、弁護士たちとその依頼人、陪審員、法廷の役人たち、それに多数の傍聴人は笑いころげ、さらに一日中、ほんの少し鼠の話をほのめかすだけで、新たに爆笑がわきおこった。

ケイティ・バーカー夫人はこの財産権の異議申立て人の一人だったが、ハワード氏の証言が事実であることを認め、一八八二年にあったことを話してくれた。ジェサップ氏は鼠に手紙を読んで聞かせるために出て行く時、ドアを閉めて夫人がそれ以上ついてくるのを拒んだということである。

From William Wells Newell: "Conjuring Rats," *Journal of American Folk-Lore*, vol.5, 1892.

［中村］

ウィード伯母さんが書いた鼠への手紙

その手紙は、東サンドウィッチにある、荒廃した古い屋敷の地下室の壁の割れ目から見つかりました。たった一枚の紙切れで、亜麻布のぼろから作られた丈夫な古い紙でした。そうでなければ、原形を留めてはいなかったでしょう。花崗岩でできた、ジャガイモを入れておく室《むろ》の隙間に挟まり、何年も経ているにもかかわらず文字ははっきりとしており、内容もたやすく読み取れました。ドアは防水を考えたものでしたが、それでもやはり地下室の中で湿気を帯びていました。雨漏りする前に、そして床が陥没する前に、すでに湿気を帯びていたようです。劣悪な環境を四十年ばかり、しかも最後の十年間は空家の状態だったのですが、その年月を耐えしのんだ紙片は書かれた側を内にして折り畳まれた一枚の便箋でした。

手紙がレオン・カリアー夫人、手紙を書き記したアビゲイル・ウィード夫人の弟の孫娘のそのまた娘の手に入って以来、ここいら一帯では「エミーが書いた鼠への手紙」として通用しています。現在は額に入れられて、カリアー夫人の客間に飾られています。客間には友人たちの眼を楽しませるために、昔使われた物がいろいろ置いてあります。象眼細工の蠟燭立て、扇形の背もたれのついたウィンザーチェア、カリアー・アンド・アイヴズ印刷工房のリトグラフ、私が今までに見た中でもっとも大きなフリップ・グラス、ワシントンとラファイエットが白地に青で描かれた水差し、白目製の封緘紙を入れる小筐《こばこ》、「フィルポッツ夫人」の名で家族に親しまれているスタフォードシャーの柔らかい練り土で焼いた、磁器の砂糖の振りかけ容器、などなど。手紙は広く模写され、写真にも撮られています。ですが、地下室や屋根裏部屋、とうもろこし置き場の中に呪文の写しを貼り出して、呪文の有効性を試す人がこの時代果たして存在するでしょうか。おそらく、三世代前に「くまねずみ」として知られる濃い灰色のおとなしい鼠を追い払った手紙は、くまねずみの地位を奪ったどぶねずみに対してはもはや効力を持たないとみな考えているのではないでしょうか。

厄除けの文章は、句読点と大文字があまり使われておらず、言葉のうちのいくつかは聞き慣れないもので、意味も不確かだったので、書かれている内容を正確に伝えることはできません。ですが、読んで意味が分かるように書くべきでしょうね。そして、注釈を少し、付け加えるべきでしょう。その手紙には「一八四五年五月九日サンドウィッチにて」と記されています。以下に文面を示します。

お前たちに対する忍耐は限界にきています。感じたまま表現するにふさわしい汚い言葉が思いつかないほど。すすけた動物であるお前たち、私たちが眠っている間に種玉蜀黍《トレース・コーン》をかじるだなんて。私たちが目を覚ましている時でさえ、大胆にもお前たちは、そのいまいましい歯をすりあわせている。さあ、地獄に住む悪魔たちよ、ここから大急ぎで出て行くがいい。後ろを振り向くことなく。立ち去るがいい、さもなくば破滅あるのみぞ。私がこれから行おうとしていることを知ったら、もうこの家から奪うことなど考えないでしょう。私は何も隠しておくつもりはない。さあ、聞くがいい。溺れさせるための水がある。あぶるための火も。お前たちを捕らえる猫もいる。そして打ちのめすための棍棒も。もしお前たちが火と硫黄で毛皮を染められたくなくば、お前たち悪魔よ、ここを諦めアイク・ニュートの家に行くのです。そここそ、地下室ねずみのための場所です。部屋《チエンバー》にいるものに注目してごらんなさい。ここにはたくさんの私の仲間がいる。小部屋《ギャレット》にいる皆がお前たちを見張っている。人生を恐れている愚かな一人の女性を除いて。だが残りの者たちは恐れてはいない。これは助言であり、私は信ずる《レヴ》。ここに書いた言葉がお前たちに効力を発することを。もし捕まったら、かごのなかで生きていられるとは思えない。聡い者には一つの助言で充分でしょう。

大きくて最も才ある鼠へ
ミセス・ウィード

おそらく、説明が必要でしょう。種玉蜀黍《トレース・コーン》は、翌年に種として使う玉蜀黍の皮をむいて、その皮でお互いを結びつけたものです。二十ものそのように結びつけられた玉蜀黍が綱《トレース》を作るのです。「レヴ」というのは田舎のほうの古い言葉で、「信じる」という意味です。部屋《チエンバー》というのは、平屋建ての家のL字型に張り出した翼棟の上にある天井の低い屋根裏部屋のことです。小部屋《ギャレット》というのは、母屋の上にある広い屋根裏をさします。小部屋《ギャレット》を備えた母屋と部屋《チエンバー》を備えた翼棟部は言ってみれば一階半の家というべきで、それがニューイングランドの家に、一番多く見られる建築様式でした。

厄除けの文章を読み返してみますと、書き手は真面目であると同時にふざけているのが読み取れます。手紙を貼り出すことで、屋敷から鼠が駆除されることを半ば期待すると同時に、冗談を楽しんでいるのです。手紙を書くことが、魔法を使っているような気持ちにさせるだけの面白味をもっていたのです。彼女の個性や性癖に家族の影響が認められ、それが手紙の文面の真実味を増大させているようです。手紙の中で「人生を恐れる」と書いているように、夫人は几帳面で気の小さい人でした。夫人の兄弟の曾孫娘は言います。大伯母様は鼠の足音を聞くと不安な顔をした、と。夫を亡くしたアビゲイル夫人は、娘と共に少女時代を過ごした家に戻ってきました。そして、弟のウィリアムやスティーブン・コーギャンたちと一緒に暮らしたのでした。

はじめは何も判らず、ただ、手紙の呪文のような文章は、老婦人もしくは家族を中傷した誰かに対する報復をほのめかしているのではないかと思ったものです。大きくて最も才ある鼠へのくだりは、嘘を述べ立てる人を形容するに相応しい言葉だからです。ですが、私はそのような考えを払いのけました。これはただの呪文であり、屋敷から鼠を追い払う魔術にすぎないと考えたのです。文字は古い手紙の便箋の裏に書かれています。その便箋は疑いなく、紙が必要になったときのためにとっておかれたものでしょう。便箋の表に書かれた文章が僅かなものだったので再利用しようと思ったのです。問題の文面は、未使用の紙に書くほどの重要性を持っていなかったのでしょう。手紙の内容を真剣にとりすぎてはいけないでしょう。なぜかというと、清教徒にとっては呪文も魔術も禁忌ではないからです。ご存知の通り、禁じえなかったのです。ニューハンプシャー州のサンドウィッチには魔力があふれていました。ちょうど、マサチューセッツ州のセイラムのように。魔術が隆盛をきわめていた時には、こういったものがたくさんあったのです。しかし、やはり本気でやっていたと見なすべきではないでしょう。手紙のからかうような調子がそれを裏切っています。彼女にはユーモア感覚があります。彼女は演技をしていたのです。そして、演技をする人々の多くは、真剣に演ずるものです。手紙の文面は奇妙な記述の寄せ集めのように見えますが、夫人はそれを古い暦から引用したのではないかと思います。もしくは、熱心な伝道者が悪魔に向けて言った言葉を覚えていたのでしょう。私は、彼女が半ば皮肉を込めて、半ば真面目に手紙を書いたのだと信じています。それは偽の呪文でもあり、同時に本物の呪文でもあります。他のよく知られた魔術と同様にアングロ・サクソンの時代をしのぶよすがとなるものです。ウィード伯母さんの鼠への手紙に対するあなたの判断がどうであろうと、三世代前の未開の地は、単純であると同時に複雑でもあるという結論にあなたを導くでしょう。

後日談もこの地方には残されているのでそれも付け加えておくべきでしょうね。夫人が鼠への手紙を貼り出してのち、鼠たちは屋敷の地下室を去りました。そして手紙にしたがってアイクの家に引っ越したのです。

From Cornelius Weygandt: *New Hampshire Neighbors*, 1937.［樫尾］

熊、狼、栗鼠など

一六六九年に出版されたトーマス・ヴォーンの博物誌 Brief Natural History には、産まれたばかりの熊の仔には形というものがないので、血あるいは肉の塊としか見えず、母熊がそれを舐めて熊の形にする、といった記載がある。英国文学史上屈指の随筆家サー・トーマス・ブラウンはそれを迷信として退けている。十二世紀頃からイギリスでは、熊いじめ（つないだ熊に犬をけしかけたりする遊び）が盛んに行われたのであるが、狼と同様に、野生あるいは自然の象徴でもあった熊には謎が多かったのかもしれない。しかし熊や狼のそうしたイメージもアメリカに渡った時点でやはり微妙な変化を遂げるようである。ちなみに「栗鼠の艦隊」に現れるフランスの大博物学者ビュフォンはアメリカ人たちを生理的劣等であると決めつけ、多くのアメリカ人たちを憤慨せしめている。

熊たちの祭宴

熊はあまり社交好きな動物ではないと思われているようだ。だが時には、熊も親密な集いを持つという話が伝わっている。熊たちは付近のなわばりからやって来ると、近況をたずね合い、つかの間ではあるが友情を温め合う。それから盛大な祭宴を催すのだという。インディアンは厳かに、この祭宴の光景を物語る。そして自分たちのいわゆる「話し合い」に知的な面や重要な意味があるのも、熊の集会を手本にしているからだと言う。こうした集まりの折に熊が滑稽な行動をする様は、次のように実に面白く語られている。よそからやって来た熊に、しかるべき儀礼にのっとった方法で仔熊たちがお披露目される。母熊たちは心配そうにしながらも、我が子の光り輝く黒い毛皮や、大きくなったら強くなりそうな様子を、誇らしく思っている。仔熊は細心の注意を払って抱き上げられると、前後に揺すってあやされる。言うことを聞かない仔熊は、きつく耳のあたりをぶつなどのお仕置きをして、年少者としてどう振るまうべきかを教えこむ。大掛かりな舞踏会の際には、熊たちは人がやってこないような森の奥を選んで茂みの草を取り除き、飛び出している根を引き抜く。それから年老いた熊たちはこの上なく厳粛で気難しそうな表情を浮かべて、車座になってしゃがみこむ。円の中では踊りを披露することになった熊が、屈んでみたり、勢い良く跳ね回ったりして無言劇を繰り広げている。満場一致の拍手喝采を望んでいるのは間違いない。やがて踊り相手を務める熊がそれに加わり、古式床しきメヌエットへと続いていく。見物をしている熊たちは前脚で拍子をとり、「ジューバ（米国南部黒人の踊り）」に合わせる時と良く似た方法で、膝や腿を叩いて調子を合わせる。興奮が高まってくると、どの熊も弾かれたように立ち上がって、お馴染のダブルシャッフル（左右の足を二度ずつ急いでひきずるようにするステップ）で踊りに加わる。最後まで疲れも見せずに踊った熊が誰よりも賞賛を受け、舞踏会は幕を閉じる。非常に難しいステップやきわめて複雑な踊りは、熊のこうした「奥地での集い」から学んだものであるとインディアンは断言している。熊のように踊ることができる、というのはインディアンにとって願ってもない誉め言葉である。もっともその言葉に値すると思うほど、自惚れが強い者はめったにいない。

From "Bears and Bear-Hunting", *Harper's New Monthly Magazine*, vol.11, 1855,［金井］

熊の仕返し

ニューメドウズにあるローズ牧場のはずれで、少年たちがまだほんの子供の熊を捕まえた。仔熊は間もなく芸という芸をすべて覚えてしまった。そこで誰かが名案を思いついた。こいつに拳闘を仕込んでみたらどうだい。そういうわけで仔熊は拳闘を覚えた。それからというもの、誰かがそばにやって来ると、いつだって仔熊は後ろ脚で立ち上がって強烈な拳を繰り出すのだった。ビルという羊飼いがいたが、たまにひどく酔っ払った時に、目が覚めると自分の家ではなく戸外の仔熊の小屋にいることがあった。だが仔熊のほうもビルのほうも、相手がいたところでとんと気にしていなかった。

ある日のこと、大きな図体をした一人のテネシー人が牧場にやって来た。牧草地をぶらついていた彼が、たまたま用水路のそばに立っていた時だ。あたりを見ると、一匹の熊がこっちへやって来るところではないか。仔熊を飼っていることをテネシー人に教えた者はいなかった。だから仔熊が飛びかかってくると、ふざけているのだとも思わずに、テネシー人は命がけで取っ組み合いを始めた。彼はどうにかこうにか仔熊を用水路に落とすと、一時間以上というもの、仔熊の頭を水中に押し込んで溺れさせようと頑張った。だが、それはうまくいかなかった。とうとう仔熊は身をよじって逃れると、立ち上がって小屋のほうへと転がるように走って行った。でも仔熊はこの出来事を、そうすぐには忘れなかったのだった。

その次に羊飼いのビルが、例の泥酔状態で牧場に着いた時のことだ。ビルはいつものように仔熊の小屋で眠ってしまった。だが目が覚めてみると、用水路の中にいる。おまけに牧場で飼っている仔熊が、自分を溺れさせようと躍起になっているではないか。正体を失うほど酔っていたから、ビルは満足に動けない。もう少しで水中の墓場行きとなりそうになった。だが、仔熊の奴いったい何をしてるんだ、と見に来た男たちのおかげでどうにか命拾いをしたのだった。

From Federal Writers Project, Vardis Fisher, State Director: *Idaho Lore*, 1939.［金井］

栗鼠《りす》の艦隊

ある年老いた材木商が面白い話をしている。オハイオ川で蒸気船が活躍しだして間もない頃のことだ。オハイオ州の川沿いの郡にある木材貯蔵所に貯蔵してある十万枚の屋根板を蒸気船に積みこむ、という仕事を材木商は請け負った。屋根板は船に乗せるばかりとなって土手に重ねてあった。数日後、材木商はその代物のほとんどが盗まれて、ピッツバーグまで運ばれたらしいと人から聞かされた。この悪い知らせを受け取るとすぐに、自分の目で確かめようと材木商は川まで馬車を走らせた。途中で彼は、森が夥しい数の栗鼠で賑わっているのを目にした。栗鼠たちは川の方へと一斉に行進していた。

材木商が戻って来ると、何か見つかったかい、と仲間は聞いた。彼の答えはこうだった。「屋根板は、ピッツバーグなんかには行ってねえよ。みいんな川に流れちまったんだ、ピッツバーグにしろどこにしろ捜しても無駄だ……おれはちょうどいい時に川に着いたんで、何もかもわかったよ。あのな、そこで栗鼠どもが行進して、川を渡っていたんだ。命令を下している大将栗鼠が泳ぎがへたなもんで、川までおれの屋根板を一枚引きずって来ると、その上に乗った。それから大佐、大尉、中尉、将校、下士官の栗鼠の順で大将がやったとおりにした。最後に兵卒栗鼠が、わあっとばかりに乗りこんだ。おれがそこに着いた時、ちょうど一匹の年寄り栗鼠が屋根板を川まで引きずってきた。そいつをひょいと水に放り込むと、ぴょんと飛び乗り、ふさふさした尾っぽを帆の代わりに高々と上げ、安全に渡っていったんだ。向こう岸までいい具合に近づくと、栗鼠は飛び降り、奴の舟は流れていった。ことの次第が飲み込めると、おれは屋根板を積んでおいた土手に登ってみた。一枚も残ってなかったよ——川下に流れていっちまったんだ、お前ら——川下さ、ちげえねえ」

この話には、学識豊かで細心なビュフォン（一七〇七―八八。フランスの博物学者）の説の影響が認められる。ビュフォンはこう述べている。「灰色栗鼠が川を渡るなどという説はとんでもない間違いだと思われるかもしれないが、多数の目撃者によって確認されており、事実であることは否定できない」さらに、次のような記述がある。「灰色栗鼠には棲息地を頻繁に変えるという習性が見られる。前の年には多くの栗鼠がいたところに、ある冬は一匹もいないということも珍しくはない。栗鼠は大部隊で移動する。湖や川を渡りたい時には樺の木や菩提樹の樹皮を一枚剥がして、水辺まで引きずっていき、水に浮かべてそれに乗る。風や波の向くままに身を委ね、帆の代わりとして尻尾を立てている。時には三千、四千もの艦隊となる。風が強すぎると、難破するものが相次ぐ……だが順風の場合には、栗鼠は確実に目的とする場所に到達するのだ」

From N. E. Jones, M.D.: *The Squirrel Hunters of Ohio, or Glimpses of Pioneer Life*, 1898.

［金井］

信じがたい話

幼い時分、ある狼の話を何度となく聞かされたものだ。ピース・デールの北の境、今は狼沼と呼ばれている場所で死ぬはめになった狼の物語である。

話のあらすじは、だいたいこのようなものだ。一匹の大きな灰色狼が、年寄り豚を追いかけていた。豚は、胴体がひょろ長く、鼻面が尖っていて、当時ランド・シャーク種と呼ばれていたやつだ。キングストンの今は亡きウイリアム・フレンチが、食肉用には一番だ、特にハムに加工すればどの種よりも美味いと主張していたものだが、私も実にそのとおりだと思っている。さて、追われた豚が沼の縁までやっと逃げてきたとき、狼が豚の尻尾にがぶりと嚙み付いた。

年寄り豚はあまりの恐ろしさに、すさまじい速さで逃げまわった。その速さたるや、近くで木を伐採していたジム・ニューベリーの言葉を借りると、人間の目には豚やら狼やら見分けがつかないほどだった。そばを突っ切ったときなど、まるで稲妻さながらだったそうだ。いや、もっと速かったかもしれないとも言っていた。

恐怖に駆られた豚は、がむしゃらに走って、行く手をさえぎる直径二フィートもあるトウカエデの幹に激突した。なにしろ豚は自分の倍近くある灰色狼を引きずっていたのだ、衝突した勢いで、トウカエデの幹がたわみ、跳ね戻って、狼の腹にまともにぶつかった。ジム・ニューベリーは(ちなみに私はジムをよく知っていた)、狼がのびているところへ近づくと、伐採用の斧を振り上げた。

この話は、頭の固い人には素直に聞いてもらえないかもしれない。ほんとうにあったことだと信じてもらうのはもっと難しい。とはいえ、あながち根拠のない話ではなさそうだ。もし根も葉もない話なら、なぜあの湿地、あの狼が死んだ場所が、今日もなお狼沼と呼ばれているのだろうか?

From Thomas Robinson Hazard: *The Jonny-Cake Papers of "Shepherd Tom"*, 1915.

［中島］

教練をつんだ海馬《セイウチ》たち

陸地が見つかるかもしれないという思いが最初にわれわれの内に兆したのは、船乗りのひとりが三、四頭の巨大な海の生き物を発見した時だった。見つけた船乗りは海馬と呼んでいたが、それは根拠があってのことだった。その生き物は、頭部が馬そっくりで、あとの部分は魚そのものという姿をしていたのだ。他の船乗りたちも皆、海馬を目にして歓声をあげ、自分たちは陸地から遠くないのだと口々に言った。海馬というのは岸辺で眠ることに大きな喜びを見出す生き物であり、したがって岸辺は見えないけれども近くにあるというのだ。これは単なる気休めに過ぎなかった。なぜなら、海馬が岸辺で眠ることに大きな喜びを見出すとはいっても、岸から三百リーグ（約千キロ）以上も泳いできているのかもしれないからだ。だが、自分たちの酷いありさまを顧みると、希望をつなぐものであればどんなに細い藁でもすがりつきたい心境だった。気持をしゃんと保つにはそうするしかなかったのだ。

海馬について、ひとりの船乗りがこんな事を教えてくれた。彼は以前、捕鯨船に乗りくんでいたのだが、目的地であるグリーンランドのあたりで一直線になって陸の上にいる海馬の群れを見たことがあるという。それは、とてつもなく大きなもので、一つの群れに三百から四百頭の海馬がいることもあったそうだ。海馬の最大の望みは、暖かい太陽の光をうけて陸地で憩うことで、その際、皆が寝ている一方で、一頭が命じられて歩哨に立ち、一定時間見張る仕組みになっているという。決められた時間が過ぎると別の一頭が見張り役を交代して、それまで立っていた歩哨は寝に行くのだそうで、海馬たちは他にもある厳しい規律を遵守して、群れは良く訓練された軍隊の一部隊を思わせるということである。そして、敵が近づいてきた場合などには、立っていた歩哨は、いななくて大地を打ち鳴らし、尾をはねあげては仲間の体をたたいて、皆を起こしてしまうまで決してその場から逃げださないそうだ。そうして全員一緒になって安全な場所へ向けて海の中に逃げるのだ。

しかし、船乗りたちはさらに狡猾であり、こうした警戒をもってしても、海馬の手には負えない存在であるようだ。彼らは海馬と海の間に陣取って、最初に手の届くところに来た一頭の脳天を叩き割る。長い間そうやって海馬を殺し、さらなる獲物を殺す力を追い求めてきた。船乗りたちをこうした残忍な仕打ちへ駆り立てるのは海馬の牙であり、これは使い道があって高い値がつき、世界的に見て南方の地域ではかなり売れる商品なのだ。

岸辺にいるから海馬たちは虐殺されてしまうのであって、もし彼らが海に居続けていたなら、安全だっただろう。私は考えずにはいられなかった。求めるものが利益であろうと楽しみであろうと、いずれにせよ自分たちの安定した本拠地を後にする海馬たちは、未知の領域に乗り出していくだろうし、新たな計画をはじめるだろう。しかし、多くの場合そこから得るのはごくわずかなものにすぎないはずだ。神によってもともと定められた領域を守っているほうがよいことくらい、海馬たちだってわかっているだろうに。

From John Dunton: *Letters Written from New-England A.D. 1686*, 1867.［中村］

風変わりな食事

コフィンは船長の端艇《ボート》に乗っていた。船長は逃げる鯨を一晩じゅう追い続けた。翌朝、鯨を仕留め、獲物をボートにつなぎ、戻って本船を見つけるための航海を始めた。「本船を探したが、どうにも見つからない。翌日の正午まで航海を続けたが、本船の姿がどこにもありゃしなかった。船長の判断では自分たちは本船を通り越してしまった、本船は自分たちを探しに風上の方角へ航行しているということだった。俺たちの乗ったボートが本船を通り越した時は、ボートの辿った航路から、ずっと遠い場所に本船がいて、自分たちには見えなかったんだと。船長は言った。「これ以上先へ行っても無駄だ。風上の方角へ進むのも無駄だ。最善の策はここを動かないことだ。船はわしらを探して、ゆっくり付近を航行しているだろう」」

「二十四時間以上そうして待ってた。食べ物は底を尽きかけて、事態は思わしくない。そこで俺たちは帆を張って、風を真横に受けながら行ったり来たりすることに決めて、そうした。行ったり来たりする航海を続けてた六時頃のことだった。陸地のしるしを探していた見張りの一人が叫んだ。「おーい、陸地だぞ」すぐに俺たちみんな飛び上がって喜んだ。風下、船首から二ポイントの方向に、確かに、小さな島があった」

「翌朝、明るくなってから俺たちは島に上陸した。太平洋のある海域では珍しくない珊瑚礁からできた島だった。地図には載ってない」

「俺たちはその時、何よりもまず何か飲む物を手に入れたかった。二十四時間近く、俺たちは水を飲んでなかった。ナンタケット島の出身のトム・バンカーが大声で「泉がある」と言うのを聞いたときの俺たちの喜びようはあんたも想像できるだろう。俺たちは全部で六人いた。船長は声の届く範囲で、俺たちをお互いにできるだけ離れさせた。島を調査し、水や木を見つけるためだった。けど、トムの叫び声で、俺たちはすぐに集まってトムの隣に並んだ。確かに澄んだきれいな水が湧き出している小さな泉があった。極上の飲み物の味がどんなものか知りたければ、二十四時間、水を飲まずに船に揺られた後で、泉の水を飲んでみるんだね。トムは泉に辿り着く前に、地を這う動物がうようよしているのを見たが、何かは分からなかったと語った。俺たちは敢えてトムの話を遮ろうとしなかったが、トムは船の上で長い時間、何も飲まないで過ごしたので、頭がおかしくなって、見てもいない動物を見たと錯覚したのだと思った。「この島のおかしなところは」と船長が言う。「羽を休めている鳥がいないことだ。わしはこれまでたくさんの島に上陸したことがある。その島には住人はいなくても、いつも鳥は何千羽といた。ところが、この島は珊瑚礁の上を飛んでいる鷗の他に一羽の鳥も見かけない」

「ちょうどその時、仲間の一人が言い出した。「住人といえば、あそこに見えるのはそうじゃないかな？」俺たちはその男の示す方角を見ると、そこに確かに人間がいた。その人間は怖がっているようで、俺たちから遠く離れて立っていた。俺たちが前に進むと住人は後ろに退いた。そこで船長が言うには「お前たちは、ここにいるんだ。わしが一人で行く。そうすれば、あまり怖がられないだろう」それで、俺たちはその場に座り、船長は手を胸にあてた姿勢で進み、いろんな身振りをして害意がないことを示した。島の住人は理解したようだった。じっと立って船長が来るのを待っていた。ところが船長が後で話してくれたところによると、すぐ傍まで近づくと、突然、そいつが、土着の者だと俺たちが思った人間が、船長のほうへ走り出し、船長の足元へ倒れ込んだ。俺たちはそいつが発した叫び声を聞いて、船長がいるところへ急いで駆けつけた。もし俺が豆鉄砲を食らったような男を見たことがあるとしたら、そいつはその時の船長だった。

「お前たち」船長が言った。「土着の人間じゃなかった。女だ。白人の女だ。一体なんで白人の女がこんなところにいるのか、さっぱり分からん」

「女は間もなく意識を取り戻した。もし、同類に会って喜んでいる動物の例をあげろと言われたなら、俺たちに会ったこの女がまさにそれだった。女が意識を回復してから言った最初の言葉はこうだった。「夢じゃない。本当の人間だわ。神様、ありがとうございます。おかげで助かりました」」

「「そのことだが」船長は言った。「もちろん、わしらの力の及ぶ限りのことは何でもしましょう。そうはいっても、あなたが助かるかどうかは、意見の別れるところでして。何せ、わしらも難破したわけでして」」

「島に一人で住んでいた女は捕鯨船の船長の妻だった。船は難破し、珊瑚礁の島の上に残された女を除いて乗組員全員が海の藻くずと消えた。女は岸へ打ち上げられた。浜辺に打ち上げられた物の中から何とか必要な物を拾い集め、女は生活できる環境を整えた。そうして女は島で五年過ごした」

「とにかく、俺たちにとっては幸運なことだった。女の小屋に辿り着いたとき、女は船長に言った。「船長さん、それに乗組員の皆さんも、どうぞ家の裏手のほうに座ってください。わたしはこれから皆さんの朝食を作りますから。もちろん、お客さんを迎えるとは思っていなかったので、今は何も用意してございません。でも、ここには材料がたくさんありますので、そんなに長くお待たせしないつもりです」女は舵棒のような棒切れを持って、椰子の木の森へ消えた。女が行ったり来たりして地面の上の何かを打ち据えているのが見えた。それが何なのか俺たちには分からなかった。本当のことを言えば、何だって良かった。実際みんな疲れ果てていたんだ。何やら居心地の良い場所へ来て、おいしい朝食が約束されたので、みんな考えることをやめて草の上に伸びて眠り込んだ。船長は模範を示した。船長が鼾をかいているのを聞きながら、俺は寝入った。しばらくして、今まで嗅いだ中でも格別に美味そうな匂いで目が醒めた。匂いを嗅いで、俺はすぐさま跳ね起きた。女が料理してる場所へ行くと、石がいくつか置いてあって、その上で火が焚かれていた。俺が嗅いだ匂いは女が火にかけたシチュー鍋からきたことが分かった。「もう少しお待ちください」女は言う。「もうすぐ出来上がります。おいしいと言えるほどでなかったら、私のことを腕の悪い料理人だと呼んでください」この時までに他のみんなも美味そうな匂いで起きてきた。俺たちは女が料理を盛るのを待つばかりだった。なあ、あんた、生まれてこのかた、あんな美味いシチューは食べたことがなかったよ。俺が腹が空いてたってこともあるけど、女は本当に料理が上手だった。その後でそんなに飢えてないときに食べても、やっぱり美味かったからね」

「女は俺たちが食べるのを喜んで見てた。皿が空になるやすぐにまた皿に料理を盛りつけた。みんなの皿に六回ずつ料理を盛った後で、女が言った。「みなさんのうちで誰も、今召し上がった物が何かは分からないでしょうね。賭けたっていいですよ」

「ああ、奥さん」船長が言った。「それこそが、お尋ねしようと思っていたことです。このシチューは美味しくて元気が出ます。このシチューで奥さんの料理の腕は一流だということも、奥さんがナンタケット島出身だということも分かります。が、どうにも、この島に降り立つ鳥を見かけません。シチューの味からは、どんな動物の肉が使われているのか分かりません」

「これは鼠のシチューです。私たちを除けば、鼠はこの島で生息している唯一の生き物なんです。鼠たちは何でも食べるんです。これ以上殖えたら、私も食べられかねないと心配だったんです」

「鼠は難破した船から渡ってきた。「鳥の巣に卵がたくさんあって、鼠には魅力だったのさ」そして鼠の群れは珊瑚礁の島から鳥を追い払った。椰子の木も食べ始めた。島に漂着した船乗りたちは飢餓に瀕した状態で、かつ鼠の増殖を抑える問題に直面することになった。漂着者たちは、この問題に船乗りの流儀で取り組んだ。すなわち、「俺たちは鼠をいろいろなやりかたで調理して食べた。焼き鼠に直火焼き鼠、鼠のフライ、鼠の細切り肉の煮込み、鼠のシチューなどにして食べた」といった流儀で問題に取り組んでいるとき、本船が現れ、島から漂流者たちを連れ帰った。この時、鼠の数を抑えるという仕事は首尾よく達成されていた」

From John R. Spears: *The Story of the New England Whalers*, 1908.〔柴崎〕

狼の棲む穴

農場をはじめてから数年間というのは、たいがいは災害と失望がついてまわるものである。しかもそれは断固たる精神をもって忍耐強く取り組むことでしか改善され得ない。屋敷や納屋を建て、木々を切り倒して柵を作り、穀物の種を蒔き、果樹を植え、貯えに気を配ることに余念がないこのあたりの農場主も、かわるがわる半端でない災害に見舞われることは必定といえた。夏の間は干魃。収穫期は突風。冬には死ぬ牛も出てその数が減った。そして、羊の囲いを襲う狼。ある農場では、一晩のうちに堂々たる体格の羊と山羊を七十頭も殺され、加えて多くの仔羊、仔山羊にも傷を負わされた。その途方もない被害は牝の狼の仕業によるもので、それは毎年増える子供を伴って何年にもわたって、あたり一帯を荒らしていた狼だった。一般的に言って、若い狼というのは注意深い狩猟者に殺されてしまうが、年のいったものはその辺をわきまえていて、弾の届く範囲には来ないものである。その牝の狼はぎりぎりまで追いつめられると、たいてい西の森へと駆けこみ、次の冬になってからその年に生まれた子供たちを伴って戻ってくるのであった。

件の狼はいよいよ目に余る存在となり、パトナム氏は隣人五人と手を組んで、仕留めるまで交替で追いかけることにした。ふたりの者が順次、間断なく追跡することになった。標的となる狼は、鉄の罠に足を挟まれた際に指を失っており、ひとつだけ他より小さい足跡を残すことが分かっていた。その足跡をたよりに、追う者はかすかに雪の舞う中で、性質《たち》のわるい獣の後を辿った。追跡を続けてコネティカット川まで行き、狼が真っ直ぐにポンフレットへ戻っていったことがわかった時のことである。二人の追跡者はすぐさま引き返し、狩猟用のブラッドハウンド犬が翌朝の十時までかかって、パトナム家からおよそ三マイルほど離れた巣穴に狼を追い込んだ。共通の敵をねじ伏せようとパトナム氏と隣人たちが直ちに集まり、犬と銃、それに藁と火と硫黄も揃った。一連の道具を用いて、狼を巣穴から誘きだそうと無益な努力が重ねられた。猟犬はひどく傷ついて戻り、二度と入っていこうとはしなかった。赤々と燃える藁から出る煙には何の効力も無く、焼いた硫黄のくさい煙も同様で、洞穴には煙が充満したが、狼が奥にいられなくなるまでには至らなかった。こうした試みが実を結ばないままに夜も更けて十時となり、疲れきったパトナム氏はもう一度犬を中に入れようとしたが、それも無駄に終わった。そして今度は使用人として家に置いている黒人をけしかけて、洞穴の中へ降りていって狼を撃たせようとしたが、使用人はそのような危険な役目には首を縦にふらなかった。そこで主人は腹を括った。あてが外れたことに腹を立てながら、身内に臆病者のあることを恥ずかしく思いながら、パトナム氏は、凶暴な獣がどこか知れない岩の裂け目を抜けて逃げてしまわないうちに殺してしまおうと決心したのである。仲間たちはその危険な案に強く反対したが、パトナム氏は降りて行く準備をはじめた。野生の動物は火を恐れることが分かっていたので、手近にあるものでは唯一燃え易い素材である樺の木の皮をいくつか削ぎとった。それで深く薄暗い洞穴の中でも光が得られるはずだった。それから、状況を考えて上着とチョッキを脱ぎ、決めておいた合図で引き戻してもらうように、長い縄を足に巻き付けると、氏は燃える松明を手に頭から穴に入っていった。

巣穴はかなり高い岩棚の東側に二フィート四方ほどの口をあけている。入ってから十五フィート下り坂をいくと、その先は平坦なところが約十フィートつづき、今度は徐々に上りとなって十六フィートで突き当たりになった。地中に開いた穴の左右は滑らかな石やごつごつした石で構成され、かつて何度かあった地震によって二つに分断されたものらしい。天井と地面も同様に石から成り、入り口は冬になると氷で覆われ、非常に滑りやすくなる。内部は、どこまでいっても人が真っ直ぐ立てるところはなく、幅にしても二フィートほどしかない。

巣穴の平坦なところを手探りで進んで行くと、松明の明かりが薄明るく照らし出すその向こうには、この上なく恐ろしい暗闇が待ち受けていた。あたりは打ち捨てられた家のように静まり返っていた。かつて、荒野に巣食う狼の他には、この人気の無い不気味な住処に足を踏み入れた者はなかった。パトナム氏は注意深く前へ進み、上り坂まで来るとそこを手とひざを使ってゆっくりと登り、ついに洞窟の最奥に座っている狼のギラギラした眼を見つけた。火に気がついた狼はびくっとして体を起こし、怒りをあらわにして低くうなった。パトナム氏は狼を見つけただけですぐに足に巻いた綱を蹴り、外に引きずり出すよう合図をした。巣穴の入り口にいてはらはらしながら聞き耳をたてていた隣人たちは、パトナム氏をやみくもに外へ引きずりだした。彼らは狼のうなり声を聞き、氏がかなり差し迫った危険に陥っていると思っていたのだ。しかし、そのおかげでシャツが頭のほうへ捲れあがり、氏の皮膚はひどく擦り剝けてしまった。服を直し、銃にシカ玉を九つ詰めると、片手に松明を、もう一方にマスケット銃を持って氏はふたたび降りていった。はじめの時よりも近づいていくと、狼は前にも増して凄まじい形相になって、うなり声を上げ、眼を爛々と光らせ、歯を鳴らして頭を足の間に沈めた。それは、明らかに飛び掛かろうとする姿勢で、つぎの瞬間には地を蹴るかと思われた。危機一髪で銃を構えると、パトナム氏は狼の頭を撃ちぬいた。発砲の衝撃で気を失い、煙で息が詰まった氏だったが、すぐに気がつき、洞穴から引っ張り出されたことを知った。そして体が回復し、煙がおさまると、三度目の降下にとりかかった。今いちど狼の視界に入っていったが、相手の動く気配は無かった。松明を狼の鼻先に向け、死んでいることを確認すると、氏は狼の耳を摑んで縄を蹴り、上にいた人々は歓喜の声を上げて縄を手繰って、パトナム氏と狼の両方を引き摺り出した。

From Col. David Humphreys: *The Life & Heroic Exploits of Israel Putnam*, 1834.　［中村］

ユーモアとトール・テール

アメリカ人のジョークは大味なものと相場が決まっているようであるが、時代が遡れば遡るほど、そもそも「アメリカ人のジョーク」と一言で括ることは難しくなっていく。もちろん、アメリカ人というものが、インディアン、イギリス移民、アイルランド移民、フランス移民、スペイン移民、黒人などの混合体であるように、そのジョークも多くの民族に固有のものが入り交じったものだからである。たとえばドイツからの移民のあいだで語り継がれたミュンヒハウゼン男爵やティル・オイレンシュピーゲルの話などもいつのまにか出自が忘れられ、アメリカ固有の説話といった体裁をとって流布している場合がある。

言うまでもなくアメリカのジョークやほら話《トール・テール》の数は多い。それらをフォークロアならぬジョークロアなる言葉で呼ぶこともある。「目打ち」は原編者のクロウ氏も若い頃、実際に人が話すのを聞いたことがあるそうで、トール・テールというよりは室内ゲームと形容したほうが適切なものということである。

ほらふきのジョン・ダーリング

一九三四年、サリヴァン郡にずっと以前から住んでいた家族の一人、ミルドレッド・タイラー嬢がジョン・ダーリングという人物に関して伝え聞いた一連の話を私に送ってくれた。ミルドレッド嬢はジョン・ダーリングの伝記的事実について僅かしか知らなかった。かなり前に亡くなったが、今も人々の記憶の中に生きていること、サンド池の畔に農場を持っていたこと、デラウェア川をいかだで漕ぎ回っていたこと、サリヴァン郡で最高のほら吹きだったことなど。より多くの話を発掘するために、一九三五年の二月、私はジョン・ダーリング伝説をラジオで放送した。このうちのいくつかをこれから、ご紹介しよう。

「なあ、聞いてくれ」ジョンは語ったものだった。「俺はな、年に一回しか散髪しないし、顔も剃らないんだ。それで、毎年、五月に俺はロスコウにある床屋に出かけて、ひげを剃ってもらうことにしてる。床屋に行くのは年に一回で充分さ。それでだ、去年の春に俺はロスコウに出かけた。床屋が俺のひげを剃り落としたとき、そいつを家に持って帰ることにした。まったく、ひげには重しがついているみたいだった。けど持ち帰ったさ。うちのかみさんがそいつに少しばかりの水を注いで、ストーブの上にかけた。かみさんが、そいつからメープルシロップを取り出した。ひげから、なんと七ガロン（約二十六リットル）のメープルシロップが取れたんだ。冬まで、どっさりパンケーキを食べてたよ」

「寒い冬だったなあ。ある日のことだが、あんまり寒いんで、煙突の中の火が上に進もうとしなくなった。煙が部屋に籠もるってわけさ。無論、俺は我慢できなかった。それで、煙を上に押し出す方法を考えついた。木切れを削ってへらを作り、それをロープの端にくくりつけた。ロープを釘にひっかけて、へらを暖炉の煙の下のほうに取り付けた。俺は暖炉のそばに座り、呼び鈴を鳴らすみたいにロープを引っ張った。俺がロープを引っ張るたびにへらは上がったり下がったりして、煙を煙突の上のほうへ押しやった。俺はしばらく座って、へらを動かしながら歌を唄った。クラリオンの響きが出る肺を持って俺は生まれたんだ。まもなく俺はへらがうまいこと動かないのに気づいた。おそろしく重くなって、なかなか持ち上がらない。へらで押しやろうにも、煙はへらぐらいじゃ持ち上がらなくなった。とうとう外に出て煙突を見上げたよ。空気があんまり冷たかったから俺が押し出した煙が出てきたところで凍ってしまってたんだ。九十六フィート（約二十九メートル）の高さの凍った柱ができていた。こいつは冬じゅうの見物だった。春が来て、煙が溶けはじめたとき歌が聞こえてきた。俺がへらを動かしてたとき、唄ってた歌さ」

「そう言えば、あの日も寒かったなあ。年取った牡猫を飼ってた頃の話だ。俺はその猫を随分と可愛がってたよ。うちのかみさんは、たいがいパンケーキの生地を入れた壺をストーブの後ろに置いてたんだ。ふっくら焼き上がるように。ある日、猫がパンケーキの壺に頭を突っ込んだ。うちのかみさん、パンケーキが駄目になってしまったのが分かると、狂ったように腹を立てた。ストーブの上からひしゃくでお湯を汲み、猫を追いかけた。俺は猫がパンケーキが好きなせいで火傷するのを見たくなかったからね、戸を開けた。猫は戸口めがけて走った。あたふたと猫が戸口を通り抜けようとしたとき、かみさんがひしゃくのお湯を浴びせかけた。その日はとても寒かったから、お湯がひしゃくを離れてから一瞬で凍ってしまったんだ。それが猫の頭に当たったとき、そいつはもう重い氷の塊だったから、猫は、ひとたまりもなかった。死んじまったのさ」

「パンケーキとシロップと言えば、俺は前にカリフォルニアで、おっそろしく広い砂糖楓園を持ってる男のところで働いていたことがある。たくさん樹液を煮るから、その男は一トンもある大きな鍋がいくつも必要だった。その頃、カリフォルニアにいた蚊だが、こいつが元気がいいし、おまけに大きかった。ボスは俺に言った。空から雷のような音が聞こえてきたら、すぐに隠れたほうがいい。逃げたりなんかすると逆に危ないから」

「それで、ある日、森で働いていたら空から、ごうっ、ごうっという音が聞こえてきた。俺は隠れる場所を探した。樹液を煮る大きな鍋がひっくり返して置いてあって、そこしか隠れる所がない。俺は鍋の隅を持ち上げると、それっと下に入り込んだ。一秒もたたないうちに衝突する音が聞こえた。蚊の大群が鍋に勢いよくぶつかったもんだから、蚊の口の先が鍋に突き刺さって、めり込んだ。俺が入り込んだ鍋の下の地面に大きな石が落ちてたから、石を拾って蚊の口の先を全部、打ち曲げて、鍋に留めた。つぎに気づいたことは、蚊は羽ばたきをし始めて、大きな嵐でも来たような音を立てたってことだった。それから鍋がゆっくり浮き始めた。鍋は優雅に地面を飛び立ち、木立ちを越えて、最後にその鍋を見たときには、野球のボールぐらいにしか見えなかった。中国へ飛んでいったんだな」

「年寄り猫のトムが死んでから、もうペットは飼わなかったかって？　俺は年とった牝豚をちょっと可愛がっていたことがある。だが、小屋の中であちこちのぞき回るわ、餌の箱に頭を突っ込むわで俺を悩ませた。ある日、豚がいたずらしているところを見つけ、俺は箒の柄を摑み、背中を打った。思ってたより力が入ってしまったんだと思う。背骨がいけなくなった。俺は自分がどれだけの力の持ち主か知らないんだが。とにかく、牝豚は後ろ足が使えなくなった。しばらくの間、俺は牝豚を殺さなければならないかと思っていた。だが、俺は素敵な二輪の台車を拵えたんだ。豚はそれに後ろ足を乗せて動き回れるようになった。ある日、この牝豚が見当たらなくなった。死に場所を探しに行ったのかと俺はしまいに考えた。ところが、何ヶ月か経って、樫の森で俺の牝豚がブーブー鳴いて、どんぐりを集めてるのを見つけたんだ。豚は上機嫌で俺に会えてとても嬉しそうだった。木の下に十三匹の子豚がいて牝豚の回りをうろついていた。どの子豚の後ろ足にも小さい素敵な二輪の台車があったなあ」

From Harold W. Tompson: *Body, Boots and Britches*, 1939. 〔柴崎〕

西部のほらふきたち

生っ粋のほらふきは自分の語る話が嘘だと知っているし、聞き手もまた――新参者や世間知らずの人間でない限り――それを承知している。したがって、語り手も聞き手も、かついだりかつがれたりしているというふりはしない。語り手が追求するのは、容易に人を信じ込ませることでもなく不動の真実を打ち立てることでもないのだが、それでもほらをふく者は精いっぱい、ローマ帝国の歴史を語る学者並みにもったいをつける。必要以上に深刻ぶりはしないが、自身を一個の芸術家とみなし、その芸術が認められることを切望しているのである。ほらふきは皮肉のつもりでほらをふく場合もある。ただひとときを気持ち良く過ごしたくて話をでっちあげることもある。仲間うちの自分勝手な人間の鼻をあかそうとして、あるいは新入りをひっかけるために、出まかせを言う場合もある。さらに、これといった目的もなく、天性のほとばしるような同胞愛から、ただ大風呂敷を広げる時もあるだろう。あの有名なトム・オキルトリーのように。彼は「ありのままの話という現金を支払うよりは、ほらを吹いてツケにした」のである。単調な日々の現実に我慢ならないほら話の語り手は、持ち前の寛大な性格ゆえに、仲間たちを楽しい気分にさせたいというあふれんばかりの願いを抱くことになるのだ。

大げさな話《ウインディーズ》を語り継ぐ伝統は、確かに、アメリカ大陸発見よりはるか以前、旧世界で花開いたものである。にもかかわらず、話題とされる事物を見ても語り口をとっても、ほら話はアメリカの開拓者たちにとって特別な存在となってきた。旧き南部の片田舎であれ、ロッキー山脈以西の金の採掘地であれ、ポール・バニヤン（伝説上の巨人の樵夫の名。後出）率いる伐採野営地のただなかでも、あるいは、メキシコ湾からカナダ国境にまで広がる牛の放牧区域においても。ピルグリム・ファーザーたちはほら話という芸術にあまり親しまなかったと思われる。しかし、堂々たる騎士党員たちは、貧しいけれど正直な、哀れな開拓者のためにこの種の娯楽をたっぷりと残してくれたのである。オスカー・ワイルドがその文学作品の中で言及した「嘘としての芸術の衰退」が、キャンプファイヤーを囲んで耳を傾けることや、牧場で暮らす人々を聞き手とすることに影響を与えるかどうか、われわれがここで吟味する必要はない。モディ・ボートライトが本書（『テキサスのトール・テール』を指す）に集大成した大ぼらは、時を経てもまったく色褪せていないものだから。

ここに集められた数々の話から、放牧にたずさわっていた人々の語り口と手法が明らかになる。ガラガラ蛇、砂嵐、野兎、牛の生皮《きがわ》が伸び縮みする力、テキサス・ノーザー（冬季に吹く激しい寒冷北西風）の急襲、掟に従って始末する《キリング》（人殺し《マーダー》とははっきり区別されていた）ことなど、身近にあった事象が戯画化されているのだ。つまり、これらの物語は、そこに描かれた登場者においても語られる主題においても、しっかりした根拠のあるものなのである。

かつて旧き時代、牛の群れを追うカウボーイの一行が放牧区域で出会うところには、アンディ・アダムズ（生没年不詳。牧童小説で知られる小説家）の言うところのあり余る時間が存在し、時折、語り競《くら》べが催される運びとなった。両陣営とも、生え抜きのほら話の語り手を連れてきて対戦させるこの競技は、創意を競うのみならず我慢比べの様相を帯びてくる。ジョン・パリッサー（一八〇七―八七。地理学者・北米探検家）は『孤独なる狩人――大草原の冒険に挑む』[注1]の中で、ミズーリ州人とケンタッキー州人との間で夜を徹して行われたこの競技の、終盤の模様を描写している。「午前五時を十五分回って、審判員は」ケンタッキー側の男が熟睡しきっているのに気づいたが、対戦者は「そのかたわらに寄り添い、相手の耳にささやくように語りかけた」この時の競技参加者が語った話の内容にパリッサーはふれていない。しかし、放牧区域における語り競べの前身として、食卓での雑談のようなものが南部の片田舎の人々の間にあったという証は、十分過ぎるほど存在する。あちこちの放牧区域に散らばったのは、そうした南部に住む人々だった。食卓を囲んだ語らいの中で、語り手はそれぞれ、相手より少しばかり大きなほらをふいて仲間のほら話をしのごうと努めていたのである。

正真正銘の芸術家にとって、対戦相手は一人で十分だ。芸術とは孤高のものなのだから。サミュエル・A・ハメット著『松林の中の宿屋にて――テキサスのぺてん師サム』[注2]の中で、ブラゾス川からトリニティ川方面に旅する語り手は、サン・ジャシント川にぶつかる。その流れは「うなり声をあげたり、鼻歌を歌ったり……土手の土はどんどん崩れ、岸にある木という木は根こそぎひっくり返っていた」

> こりゃあどうしようもないとおれは見た（語り手は続ける）。それで足を鐙《あぶみ》から引っこ抜いて、鞍嚢《サドルバッグ》をひっかついで水に入り、そのまま進み続けた。一時はにっちもさっちも行かなかったが、じきに無事岸に上がった。おれは馬の荷をほどいてやって、火を起こし、濡れた体を乾かした。その時だ、丘の向こうからやってくる、がっちりしたポニーにまたがった野郎が見えたのは。
> 「やっほー、おーい」――そのとんでもないやつは大声で叫んだ――「どうしたい。おまえさん、そっちの拳銃は濡らさずに済んだのかい、ええ？　一体全体どうやって

ここまでやってきたんだね」

「ああ！」おれは言う。「どうってことはなかったぜ、あんた。おれは丸木舟ならお手のものだからな、こんな太い丸木が一本、岸の近くに流れてきたところを見きわめて、しっかりつかまえると馬をまたがらせて、鞍に乗っかり、鞍嚢を櫂にして、馬のしっぽで舵をとってきたのさ」

「なんてこった、ほんとかね、おまえさん」

「得意中の得意ってところだ」――おれは言う――「だけど、おれの話をぐっと呑み込んでひと息ついたところで、あんたこそどうやって渡ってきたのか教えてほしいもんだ」

「はあ！」そいつは、豚みたいなちっこい眼をこちらに据えた。「おれは一日中、馬に乗ってきたんだ。腹はへりっぱなし、ひどくのどが渇くわ、草っ原の穴ぼこの水を飲むのはいやだわで、川に着くとただもう飲みに飲みまくって、のどを通った水は半マイル分。それで、すっかり干上がっちまった川底をわたってきたってわけさ」

「あんた」とおれは言う。「あんたって男にかかっちゃ、このおれ様もお手上げってもん。ちょいとたばこに火をつけて、この安ウイスキーでもひっかけていきなよ。へなちょこ野郎かと思ったが、まったくおかど違いだったってこった」

テキサス州ではストーリー・テリングが大衆の人気をさらっていたので、時には布教活動を妨害することにもなった。バプティスト伝道師の草分けであるZ・N・モレルは、自伝的著作『荒れ地に見られる花と果実』[注3]の中でこう語っている。ある時、テキサス州東部の丸太小屋で説教していると、彼の声は屋外から聞こえてくる男たちの声にかき消された。「面白い話が始まるよ」叱責しても効きめはなく、ついに伝道師はじゃまをした男たちに、私にも一つ話をさせてくれまいか、もしそちらの話よりつまらなかったら、「説教はやめにして君たちの話を聞こうじゃないか」と申し出た。男たちは挑戦を受けて立った。まずモレルが語りだしたのは、テキサス共和国大統領サム・ヒューストンとサン・ジャシントの戦い（サン・ジャシント川の河口でテキサス軍がメキシコ軍を破った。一八三六年）にまつわる話で、中断されずに語り続けることが許された。デイヴィー・クロケットの選挙演説の再現は別として、彼の語った奇抜な話はすべて勝利をおさめた。

語り継がれる話がほら話である必要はどこにもないが、口承文芸を広める人々は、遅かれ早かれ大胆な発想にふけるようになるのだ。博士号論文の提出資格を持つ学生の中に、アメリカに伝わる伝承、ほら話、ショートショートの三者の相関関係を論題とする者があってしかるべきだろう。わが国が生み出した物語で、最もあまねく知られていると思われる『キャラベラス郡の名高き跳び蛙』（マーク・トウェインの短篇小説）はその三要素を兼ね備えた作品である。およそほら話と呼んでさしつかえない読み物だが、作中に現われる開拓者ジム・スマイリー――良質の逸話の真髄となる登場人物である――は、蛙よりも重要な存在なのである。

From Mody C. Boatright: *Tall Tales from Texas*（収録部分は“A Preface on Authentic Liars”と題された序文で、筆者はJ. Frank Dobie), 1934.［和歌山］

［注1］*The Solitary Hunter ; or Sporting Adventures of Prairies*, London, 1856.
［注2］*In Pinery Woods Tavern ; or, Sam Slick in Texas*, Philadelphia, 1858.
［注3］*Flowers and Fruits in the Wilderness*, Dallas, 1886.

メイン州の嘘つき

メイン州生まれの人は、誰でも皆、生来の嘘つきだ。だが、嘘つきといっても、他州によくいるような老練であくどい連中とは全く別である。最初、妻はそうした嘘に慣れていなかった。ヘンリー・ジャーガンが、いつまでも降り止まぬ雨にうんざりして、私と気晴らしをしようと、ふらりと出向いてきた。望みの量以上に雨が降り続き飽き飽きしたという、無味乾燥な挨拶を言う代わりに、海から二十マイルも離れた所に住んでいるヘンリーは言った。「うちの牧草地で、海蛇を捕まえた」

妻はその言葉が信じられず、やんわりと、その疑念を表わそうとした。だが、私には、ヘンリーは単に不快な天候を誇張しているのが分かっていたので、妻の機先を制してたずねた。「大きな奴か?」

「さほど大きくはない」ヘンリーは、真面目くさった顔で、にこりともせず答えた。「だがな、きれいな色をしていた。緑とオレンジ色で、バター色の斑点があったな」へンリーによれば、引潮のとき、そいつは果樹園に上がってきて、牡蠣を掘り出したとのことだった。その後、私たちは話題を変え、たいへん楽しい時を過ごした。

このような直喩的な嘘、つまり、あたりまえのことを忘れ難い物にする方法は、法的に罰せられるような虚偽とは何ら関係がない。ヘンリーや彼の仲間が嘘を言いふらしているとは、誰も思わないのだ。真実を述べるにはこの手法が一番風雅であると、ヘンリーはよく知っているから嘘をつくのだ。仲間が彼の話を聞き、それを額面よりも割り引いて処理する限りにおいては、ヘンリーは、単に文学的な慰みに耽っているだけだということになる。いわば、それはあるひとまとまりの思いを、ソネットの詩形に当てはめるような頭の体操なのである。ただし、まともにソネットを作ることは頭の疲れることだ。私たちは好んで疲れることはしない。

それよりも、良くできた健全な嘘は私たちの生活を明るくする。それに、私たちは、たぶん、それで他国の人には分からない心の安らぎを得ることができるのだ。妻もだいぶ慣れてきた頃、ジェリー・ターナーが自分の雌鳥について大法螺を吹いた。妻はその鼻柱をへし折ろうとして訊ねた。「お宅の雌鳥はグレープフルーツのように、大きな卵を産んだそうね」

ジェリーは妻をじっと見て答えた。「いや、それほどじゃないさ。でも家の鳩がそれくらいのを産んだ」

From John Gould: *Farmer Takes a Wife*, 1945［沓沢］

死んだふり

（ルイジアナの三角州に住む男たちは、夜になると集い、歌や話を楽しんだ）H・L・バロー博士は活気あふれる学士で、一九四四年当時、皆の先頭をきって話し始めることが度々あった。「私はナイチンゲールのように歌えるんだ。この豊かな声で、美しく涼やかに」大抵、ワインの芳香で想像力が刺激されてくると、眠気で舌が回らなくなるまえに、誰かが大ぼら大会を提案するのが常であることをバロー博士は知っていた。怪力無双の英雄ポール・バニヤン民話の三角州版といったところである。話し手の中で、誰が一番奇異で大げさな話を作り上げることができるか、仲間内で競い合って決めるのだ。バロー博士の話は、たびたび好評を博した。もっとも素晴らしかったのは、方言混じりの、こんな話である。

「一日中罠を張ってたんだ。集落に戻るころには、骨折り損で腹ペコだ。女房に飯はなにかと尋ねるだろ。「たいしたものはないわ、いつも通り」って言うんだ」

「「海老と蟹にしたの。それでガンボスープを作ったわ」「ガンボか、確かにご馳走だが働いて疲れた俺みたいな男には、とてもじゃないが物足りないな。なんで鶏にしなかったんだ？」女房が言うには「あと一羽しかいないの、おまけに毎日卵を産むわ。それを殺すなんて大それたまねできる訳ないでしょう」」

「そん時のことだ、「クワッ、クワッ」って声がしたのは。急いでドアを開けると、一体何がいたと思う？　大きな森ねずみ《ラ・ド・ボワ》がうちの大事な一羽の首根っこを摑んでいる。「なんだ？　お前は」って大声で叫んで棒でひっぱたいたら、ころんとひっくり返った。「おい、見ろよ」と女房に知らせた。「主の恩寵のありがたさよ《ル・ボン・ジュー・エ・ボン》」ってやつだ。よし《ウィ》、このオポッサムの皮を剝いでやろう。隣の集落にいるゼベなら皮と交換でワインをくれるだろう。お前も肉料理ができるぞ。ガンボスープとそいつとパンにカフェ、立派な食事じゃないか」女房もじゃが芋を二つ、三つ見つけてきたし、まったく上出来だった」

「食べ始めようと、テーブルに載ったワインの栓を抜いて、ガンボスープを皿にわけ、女房が料理の具合を確かめようとオーブンを開けた。すると、みな信じないだろうけどな、オポッサムがなべの中で立っていやがった！　じゃが芋を食ってバターまで舐めてんだ。それから、オーブンから飛び出して女房の足の間を走りぬけ、テーブルに飛び上がった。ガンボの皿をひっくり返し、ワインの壜を倒して、俺の後ろのドアから逃げていく。なんてこった。可哀相な雌鶏が地面に転がってる。首が捻じ切られてな。きょとんとした《コム・シ・コム・サ》顔してたよ。オポッサムが草むらを逃げるときに絞め殺していったんだ。それだけじゃない。やつは夜のうちにゼベの集落まで行って、剝いだ皮をなめし台から取り戻すと元どおり身体に引っつけた。どうだい、なかなかのモンじゃないか？」

From Harnett T. Kane: *Deep Delta Country*, 1944. ［佐々木］

陸軍の騾馬《らば》

俺の父さんがこのあいだの戦争のあと、畑仕事用にって軍隊の騾馬を二頭買ってきた。この騾馬がものすごいつむじ曲がりの怠けもんでね、ちっとも仕事をしやしない。けれど兄さんのジミーと俺とで、奴らを仕込んでやろうって決めたのさ。俺たちは騾馬に緑色の眼鏡をつけてやり、かんなくずを餌にやった。でもやっぱり働こうとしない。そこである朝、奴らを外に連れ出してさ、犁《すき》につないで、首枷のところに、でっかい字を書いた板を釘で打ちつけたのさ——「かかれ」って書いた板さ。作男は結局、犁の先を冷やすために五ガロンの油を使ったんだよ。二頭の騾馬はすさまじい速さで地面を掘り起こしたのさ。その日、奴らは百六十五エーカー耕した。俺たちは地面を冷やすのに丸三日、水をえっちらと運んださ。作男は玉蜀黍《とうもろこし》を植えた。三エーカーほど植えたところで仕事ぐあいはどうかと、辺りをぐるりと見まわしたんだ。地面はまだたいそう熱くて、玉蜀黍はたちまち育って、ポンとはじけた。それを見た作男は雪が降ってると思って、凍え死んじゃったのさ。

From *Southern Folklore Quarterly*, vol.8, 1944. ［味村］

設営部隊

海軍に入隊してすぐに配属されたのは設営部隊の塗装班だった。そこでの私の仕事は偽装工作と標識つくりだった。わが隊員たちはだんだんと偽装も上手くなり、それはもう熱心に仕事にはげんだ。ところがこの熱心さゆえに我々はたびたび営倉に入ることになる。まず始めは長い塀を偽装した時のことで、三個小隊が揃って行進したまま塀を突きぬけてしまったのだ。営繕班の兵隊たちは破損個所を見つけるのに二週間も貴重な日数を費やした。やっと発見した所を二度と見失わぬよう、修理が済むまで昼も夜も見張りを立てておいたほどだった。

真新しい四本のタイヤがきちんと四角になったまま道路を転がってきて、ぴたっと停止した時はどんなに皆びっくりしたことか。新兵の一人が私用でタイヤを一本持っていこうとしたら、それはひとりでに走る四本のタイヤなどではなく、じつは我が隊員たちが偽装した将校専用車だったというわけだ。タイヤを塗っている暇がなかったのだ。じつに運が良かった。もし我々に塗る余裕があったら誰も車の存在に気がつかなかったろうから。

こんな話はまだ序の口だ。視察のくる前に基地の偽装を終えようと急いでいた。我々はもうめったやたらに塗りまくり隊員同士も塗りあった。それで誰が誰だか見分けがつかなくなってしまった。全員塗料が剝げて識別できるまで三日間も無許可離隊兵の嫌疑がかけられたのだ。

さて話を元に戻すと、視察の提督は基地を発見できなかった。提督はニューヨークからフロリダまではるばると基地を捜して歩いた。もし我が隊員たちが基地の入り口に設営部隊という大きな標識を掲げていなかったらいまだに旅を続けていたことだろう。

From Sgt. Bull Davidson(ed): *Tall Tales They Tell in the Service*, 1943.［東田］

目打ち

スコーハリ刑務所の裏庭で縛り首があるんで、ザディグ・ラペは息子のサムを連れて見物に行こうとしていたんだ。かみさんも行きたがったんだが、女の見るもんじゃないとザディグは言った。かみさんは、そんなら子供だって見ていいはずはない、サムも行っちゃいけないよと言い張った。ザディグは、息子が見ようが見まいがどうでもよかった。だけどサムは、おめでたいやつだったもんで、縛り首は見たことがないから行きたいよとせがんだのさ。でかい声でわめいたりどなったりしたもんだから、後でどんなだったか聞かせてくれるなら行ってもいいと母親は言った。息子はそうすると約束して家を出ると、父親と一緒に大きなそりに乗り込んだ。冬だったんだ。そりを引くのはザディグの愛馬、脚が自慢の栗毛のやつらだった。ザディグって男は、縛り首でもないことにゃ、馬のそばから離れなかったのさ。

さて、縛り首も首尾よく終わって、ザディグとサムはわが家に向かった。帰り着くと、ザディグは馬にかいばをやりに納屋へ、サムは、おっ母さんに一部始終を話してやろうとうちに入った。罪人が引き出されてきたところ、お祈りの様子、何から何まで息子は母親に話してきかせた。さていよいよという段になると、サムは縄を持ち出してきて、端っこを天井にある大きな鉄の鉤に結びつけ、こちらの端には輪っかをこしらえた。輪を床から十フィートほど上にしっかり固定すると、母親に言った。ここに置いた椅子の上に母ちゃんが立ったら、この輪を首に掛けてあげる。そしたら縛り首がどんなだったか教えてやれるよ。

母親もおめでたいことこのうえなかったので、そのとおりにした。お膳立てがととのって、「それでやつらはそいつの足台を蹴ったのさ。こんなふうにね」と言いながら、息子はおっ母さんの足が載っている椅子を蹴飛ばした。おっ母さんをどうこうしようなんて、もうとう頭になかった。文句なしのおっ母だったからな。だけど何しろ息子はおめでたいやつで、自分のやってることがわかりゃしない。母親の方も同じこと、まったくおめでたいたちだったのさ。

息子は、首を吊っちまった母親の奇妙な顔とご対面したわけだが、目玉の飛び出たありさまを見て怖じ気づいちまって、椅子を足の下に押し戻した。だがもちろんのこと、役になんか立ちやしない。母親の首はすっかりへし折れちまってたからな。サムは肉切り包丁を取ってきて縄を切ったが、母親の体がくたくたっと床に崩れるありさまを見ると、なけなしの分別も吹っ飛んじまった。それでも、多少のわきまえはあったんだ。おっ母を死なせちまった。こりゃあ人殺しだ。今日スコーハリで見てきたみたいに、縛り首にされちまう。何をどうすればいいのやら見当もつかないまま、とにかく難から逃れたい一心で、サムはおっ母さんの体を窓際にある揺り椅子のところまで引きずっていくと、椅子の背を支えにしてどうにかこうにか腰掛けさせた。やりかけだった編み物を持たせると、まったく生きてるようにしか見えなかった。

納屋から出てきたザディグには、いつものように窓辺に座っているかみさんが見えた。これまで何百回となく目にしてきたのとおんなじだ――だけど、今日はこっちに気がつかない。ザディグは思った。ちょいといたずらしてやれ。この男はふざけるのが大好きで、周りが思いもかけない時に、ちょっかいを出したりして驚かせるのが得意だったんだ。ザディグは雪を固めて玉を作り――決して硬く作ったつもりはなかったんだが――窓に向かって投げつけた。だが、あろうことか、雪玉はガラスを突き破って、中にいるかみさんのこめかみに命中した。少なくともそう見えたってわけさ。サムは、雪玉が飛んできた時の用意まではしちゃいないものな。かみさんはつんのめって椅子から床に倒れ込んだ。ザディグはぶったまげちまった。おどかして卒倒させようなんて考えもしなかったからな。あわてて家に飛び込むと、かみさんの顔に雪をかけたり、気絶した人間を正気に戻す手だてを片っ端からやってみた。噂に聞いたことのある方法、思いついたこと、何でもかんでも。だが効きめはない。サムを呼びつけたが、声は届かなかった。しばらくたつとザディグは腹をくくった。女房は死んじまったんだ。殺したのはおれだ。近所の連中に見つかったら、人殺しのかどで裁判にかけられて、今日スコーハリで見物したやつみたいに縛り首にされるのは、目に見えている。そんなつもりでやったんじゃないにしてもだ。こいつはおれの恋女房だった。ずいぶんと大事にしてやったっけ。

ふと、縛り首の運命から免れる手がザディグの頭に浮かんだ。女房のサラのボンネットとショールを取ってくると体をくるみ、そりに乗せるしたくをした。それから納屋に行き、馬のやつらをそりのところまで引き出してきた。そりには干し草がたっぷり積んである。手のあいた時に家畜の敷きわらにしようと、干し草の山のてっぺんから放ってまとめておいたものだ。道の方から誰かに見られないよう裏口にそりをつけて、干し草の上になんとかサラを乗せた。かみさんの体は干し草の上でぐったりとして、まるで寝転んでいるように見えた。ごく自然に見えたんで、ザディグは一刻も無駄にすまいとすぐに飛び乗り、悪魔に追い立てられてるみたいにあわててそりを出したんだ。丘を上り谷を下って、そりは疾風《はやて》のように走る。そりが跳ね上がるたびにザディグは神に祈った。やがて、丘のふもとにある急な下りの曲がり角が近づいてきた。いよいよそこにさしかかると、ザディグはひときわ激しく鞭をふるったんで、そりは思惑どおり横すべりした。これで女房の体は谷間に落ちていくはずだ。が、ザディグの鞭の勢いにおびえきった馬のやつらは、馬具から身を振りほどくと、来た道をとっとと引き返していっちまったんだ。サラとザディグは干し草を頭からどっさりかぶったまま、取り残された。

そうそう、言い忘れてたが、そりがひっくり返った丘のふもとには、靴屋が一軒あったのさ。靴屋のおやじはせっせと働いていた。おやじがその時、手にしていたのは《アット・ザ》——手にしていたのは《アット・ザ》——。

(聞き手はここで、次に来る言葉が「目打ち《オール》」あるいは「木型《ラスト》」のどちらだと思ったか、答えを求められる。返事を聞くと、語り手はほほえんだきり口をつぐむ。聞き手はたいていこう言い出す。「それで、靴屋はどうしたんだ?」語り手は、先ほどの相手の返事に即して答える。「あんたが言ったとおり。これで全部さ《ザッツ・オール》」、でなければ「これで話はおしまいだ《ザッツ・ザ・ラスト》」そして付け加える。「こっちだって、そこにいあわせたわけじゃないからな」)

From Emelyn Elizabeth Gardner: *Folklore from the Schohaire Hills*, 1937. ［和歌山］

狩猟と釣り

釣りや狩猟の話というものは容易にトール・テールに転化するもので、たとえば釣りあげそこなった魚の大きさなどは時間を経るごとに、また人に話すごとに、しだいに大きくなるのがむしろ当たり前であろう。そして、アメリカにおいては、魚は想像のうちで成長するだけではない。民俗的想像力は魚の形態、狩猟の形態にまで、種々の技巧を凝らす。ここに収録したものはそのうちのほんの一例である。

泣き虫鮫

ヴィニヤード・ガゼット[注1]編集部御中

御社発行の「ザ・フィッシャーマン」を一部ご送付いただければ幸いに存じます。というのも、そのなかに、体の自由の利かなくなった鯨のおもしろい記事が載っていると、友人が教えてくれたからです。その鯨は、「泣き虫鮫」の兄弟分ではないかと思われるからです。泣き虫鮫は、数年前、ロングアイランド沖に漂っているところを発見されました。

そのときのことをお話ししましょう。

沿岸航路を航行する商用船の船長、イライジャ・ブラウンは、ニューヨークからプロヴィデンスに向かう途中、ロングアイランド州イーストハンプトン沖で、泣き虫鮫が波間に漂っているのを発見しました。船を近くに寄せてみると、鮫は死んでいました。船長は、街から距離のあるどこかの砂浜まで、この巨大な魚を曳いていったほうがよいと考え、鮫に小錨を括りつけて流されないようにしながら、海岸に船を寄せました。それから、イーストハンプトンに住む旧友で、むかし捕鯨船に乗っていたビル・タッカー船長に、獲物のことを知らせました。

ビル船長とイライジャ船長が測ってみると、身の丈六十五フィート、胴幅二十二フィート、厚みが十五フィートあり、シネコック運河を閘門まで運ぶのにぎりぎりの大きさだったということです。ビル船長は家に戻り、鋸や斧や大包丁をもってきました。巨大な魚が、なぜ死んだのかを調べるためです――全身が膨れ上がっていたのです。

ビル船長と船員数名で、巨大な怪物の腹に穴をあけました。船長がその穴に潜ってみると、大きな油の樽がありました。鮫を死に追いやったのはこれにちがいありません。樽は付近を航行する蒸気船が落としたものに間違いない、と老船長は言いました。腹を空かせた鮫が、樽の口から漏れた油を嗅ぎつけて、樽ごと飲み込んだのですが、消化しきれなかったのでしょう。

鮫がひどい苦痛を味わったのはあきらかで、船長の言うには、流れ続けた涙のあとが両の目にあったそうです。だから船長は泣き虫鮫と名づけたのです。船長が巨大な魚の口を開け、上あごを電信柱二本で支えると、近所の人々は屈まずに中に入って、ぐるりと見回すことができました。

その晩、映画や報道のカメラマンたちが聞きつけてやってくる前に、ビル船長は地元の引越し業者を雇って、鮫の亡骸を村まで運ばせました。ちょうど息子のヘンリーが、車八台分ほどのガソリン・スタンドを作ろうとして整地していた場所がありました。鮫はそこに据え置かれ、ほんの少々手を加えて出来たスタンドは、村でも一番立派なものになり、ビルの息子に大金がどんどん転がり込みました。

というわけで、もしロングアイランドの東の端に足を運ばれることでもあれば、泣き虫鮫のスタンドにお立ち寄りください——涙のおまけがついています。

ニューヨーク州ロングアイランド、パチョーグ
〈ロングアイランドの座談家〉
エドウィン・R・チェンバーズ

追伸　もし、魚の話で何か面白いものがあれば教えていただきたく、よろしくお願いいたします。

From *Vineyard Gazette*, December 1, 1944.［中島］

［注1］『ヴィニヤード・ガゼット』紙はマサチューセッツ州南東沖の島マーサズ・ヴィニヤードで発行されている、島内の出来事を掲載した新聞。約八十年の歴史を持つ。

魚とフライパン

これはムースヘッド（ムースヘッド湖。メイン州の州都オーガスタの北の湖）のある釣り師に起こった話さ。釣り師は五ポンド（約二・三キロ）の鱒を一匹、釣り上げた。それを夕飯にするんで油で揚げることにした。火のうえで調理してるさいちゅう、釣り師は皿を取ろうとして、ほんのちょっとの間、よそを向いた。そして振りかえったら、いや、まったく驚いたことには、鱒が飛び跳ねてフライパンごとどっかにいっちまってたんだ。つぎの春、その釣り師はまた同じ鱒を釣り上げたのさ。そしたら尾びれにフライパンがついててね。おまけにつぎに釣り上げた五匹はみんな、小さなフライパンを尾びれにくっつけてたんだとさ。

From *Southern Folklore Quarterly*, vol.8, 1944.［味村］

「十ポンド、減らしゃあ……」

ふたりの釣り師がロンドンのパーカーハウスホテルで知りあい、各々の手柄について話し出した。ひとりが自分は二十ポンド（約九・一キロ）の鮭を、ムースロックメガンティク湖で釣り上げたと言った。もうひとりは、その前の年に夜釣りに行って、カンテラをボートから落っことした。二ヶ月後、流し釣り《トローリング》のさいちゅうに釣り糸に強い引きを感じたので引き上げてみるとカンテラだった——まだ、灯りがついてたね、と言った。「よせよ、そいつを俺が本気にすると思ってるんじゃあるまいね」と、はじめの漁師が言った。「いいとも」それに答えてもうひとりが言った。「あんたのを十ポンド減らしゃあ、俺のも灯りは消すさ！」

From *Southern Folklore Quarterly*, vol.8, 1944.［味村］

不運な牧師

湖水地方の人々はだれでも幸運に恵まれていた。ただし、牧師ひとりを除いてね。牧師は獲物が一匹もかからないまま、流し釣り《トローリング》を続けてた。通りがかりの人たちが、どんな釣り方をしているのかと尋ねたら——ごく普通の釣り方なんだな。とうとうある者が、蚯蚓《みみず》に唾を吐いたらどうかと助言した。やってみたが、やっぱりかからない。そのうち釣り仲間たちが、蚯蚓にちょっと酒を飲ませたらと言って、牧師の掌に少し垂らした。牧師はそれを蚯蚓にやった。するとまもなく、ものすごい引きがきたんだ。リールを巻いて引き寄せてみると、蚯蚓は二・五ポンド(約一・一キロ)もの鱒に食いつかれていたのさ。

From *Southern Folklore Quarterly*, vol.8, 1944.［味村］

川鱸《パーチ》をモーターにした話

水鳥を捕獲するのに生きたおとりを使うのは連邦法違反になるわけだが、ヴィニヤード港のF・M・(バッキー《ほらふき》)・ローズは近頃、生きたおとりの代わりとしては最高のものを創りあげたとすっかり信じこんでいた。そして、その確信が崩れ去ったときの様子は傍で見ていてもかわいそうなほどだった。

バッキーのおとりはコルク製で、本物そっくりに色づけされ、端が丸くふくらんだ長いゴム管がとりつけてあって、「クワックワッ」という音が出るようになっていた。錘をつけて水に浮かべてみると、こちらで操って音を出すのもうまくいき、おとりは本当に生きているようだった。そしてハリー・ノートン船長が仕上げを施した。船長は餌のついた釣り針を短い釣り糸で嘴につないだのだ。おとりをもう一度水に浮かべるとやがて川鱸が餌に食いついた。川鱸は深く潜った。おとりはそのおかげでいかにも自然な感じで揺れた。川鱸があちらこちらを泳ぎ回り、曳かれて進むおとりはまさに泳いでいる鴨だった。

うれしさに胸を躍らせたバッキーは、数人の友達におとりを披露する手筈を整えた。普段頭が上がらないところをこれであっと言わせてやろうというのだった。念には念を入れて用意万端整えた。ところが、その友達みんながレトリバーを連れてきたのがまずかった。犬はボートから水に飛びこんで、おとりをくわえて岸まで持って行ってしまった。水に浮かべたのと同時だったね。もちろん川鱸は餌に食いつく暇もなかったよ。

From J. C. Allen in *Vineyard Gazette*, November 9, 1945.［中村］

特別な餌

釣りをする人なら誰でも知っていることだが、魚というのは餌になかなかうるさいところがあるもので、少し前にある餌に食いついた魚が、次の時になるとその餌には目もくれず、他のものに飛び付くなどというのもよくある話だ。このことから妙な話がいくつも生まれてきた。ローウェル・トマスのもとに届いた投書[注1]は以下のようなもので、珍奇なこと請け合いである。

ペンシルヴェニアはフィラデルフィアのジャック・カミングズという人から荒っぽい鱒の話を聞いたことがあります。カミングズさんがいつも釣りをしに行く湖にいるそうなのですが、ここの鱒たちは何しろ威勢がいいので、餌にしても、まだ生きていてぴくぴく動くというくらいでは満足しないのです。けれども、そもそも普通の餌というのはどれも生きていませんし、ぴくぴくしているなんてことはないのでありまして、ましてこの鱒たちの相手になるほど強いものなどないのです。そこで、この辺りでは餌として生きた雄猫を釣り針につけます。

カミングズさんは煙草を嚙む魚がいるという湖のことも知っています。そこの釣り人は煙草嚙みの魚を釣るのに突拍子もないやり方をします。どうするかといいますと、まずボートで漕ぎ出していって、嚙み煙草のかたまりをいくつか水の中に投げ込みます。すると魚がそれをとらえて嚙みはじめます。そこで釣り人はひたすら待ちます。そして魚が唾を吐くために水面にあがってきたら、その頭を棍棒ではたいて殺すのです。

Ben C. Clough［中村］

［注1］Lowell Thomas: *Tall Stories*, 1931.

鶉《うずら》とセーター

ここにいるマーディー・バスが鶉を撃ったときの話、聴いたことあるかい。そう、去年の秋のこと。セブームクからコーコンゴモックへのあの道をマーディーが歩いてくと、鶉の姿が目に入ってね、そいつを撃ったんだ。鶉は死ななかった。でも、鶉の羽根が一本残らず落ちた。うちへ帰ってからマーディーはそのことを気の毒に思ってね、すぐに座って鶉のためのセーターを編んだんだ。そしてそれを鶉に着せ、そいつを放した。この春、マーディーはその鶉を見たんだ。五羽の雛を後ろに従えててね。みんな小さなセーターを着てた。一羽の雛なんか、これまで見たことないほど、小さなかわいらしい羽根をあしらった襞襟《えりかざり》をつけてたのさ。

From *Southern Folklore Quarterly*, vol.8, 1944. ［味村］

見事な狩猟　一（一九四三年十月十日の語り）

ある男が猟に出掛けた。弾は一発しか残ってなかった。辺りに眼をやると、大枝に一羽の七面鳥がとまってる。よし仕留めてやろうと七面鳥に狙いをつけだしたら、鹿が一頭、大枝の下にいるのが見えた。ズドンとやろうとしたら、足元からなにやら耳障りな音が聞こえてくる。ガラガラヘビだ――足元にガラガラヘビがいる。さて、どうしよう、男は決めかねた。もし七面鳥を撃てば、ガラガラヘビに咬まれるし、鹿に逃げられる。ようやくのこと男は心を決めた。七面鳥を撃ち、運を天にまかせてヘビに咬まれ、鹿は逃してしまおうと。男は七面鳥を撃った。散弾の一部が大枝にくいこみ枝は折れて落ちた。それが鹿の頭に当たり、鹿は死んだ。銃から止めがはずれて落ち、ガラガラヘビを殺した。どんなに男はついてたかってことさ。でも男の名はあいにく、トム・ニューウエル（Thomas Newell この話の語り手）ってんじゃあ、なかったけどね。

From *Southern Folklore Quarterly*, vol.8, 1944. ［味村］

見事な狩猟　二（一九四三年十一月二十一日の語り）

狩猟をしてた男がいた。銃は先込め式のを使ってた――こいつを使うときはまず、火薬をこめなきゃいけない、つぎにおくりを詰めて、それから撃つ。それでよし。男は火薬は充分持ってたが、装塡する弾は一回分しか残ってなかった。辺りに眼をやると、大枝に七面鳥が一羽、とまっているのを見つけた。そこで男はその最後の弾を銃にこめた。で、眼を戻すと――大枝の下には一頭の鹿がいる。耳障りな音が足元から聞こえてくる――ガラガラヘビだ。男は小川のほとりにじっと立ちすくんでいたが、とうとう決心した。七面鳥を撃ち、蛇の方は運を天にまかせようと。引き金を引いたとき、男はちょっとばかり気が昂ってたんだな。当たりがすこし下過ぎた。飛び散った弾の一片は七面鳥に命中し、もう一片は大枝に当たった。大枝が鹿の上に落ちて鹿を殺し、銃の込み矢（前装式銃砲に弾薬を装塡する押し込み棒）が落っこちて、ガラガラヘビを殺した。撃った反動で、男は仰向けに小川に落っこって、水から上がってみると、シャツの裾にあふれんばかりの魚が入ってた。だから男は、鹿と七面鳥と魚を家に持って帰ったのさ。

From *Southern Folklore Quarterly*, vol.8, 1944.［味村］

見事な狩猟　三（一九四三年十一月二十一日の語り）

だれかに聞いた話さ。鶉《うずら》が数羽、大枝にとまってたんだ。そして弾は――そいつはライフルを撃ったんだ――弾は大枝を貫通したんで、一瞬裂け目ができた。枝にならんでとまってた鶉はみんな肢をはさまれてしまった。大枝を突き抜けた弾は鹿を殺した。ついでに銃身が破裂した。破片の一片は右へ、もう一片は左へ飛んで、男の両側にいた七面鳥に命中した。銃の込み矢が落ちて、ガラガラヘビを殺した。銃の反動で男は川に落っこち、上がってみると、シャツの裾に魚が山盛り入ってた。

From *Southern Folklore Quarterly*, vol.8, 1944.［味村］

一発で鹿をしとめ、臓物を取った話

これまでに出会った最高の射手は、ジョージ・パーカーだね。ジョージは昔、ムースヘッド一帯の案内人だった。ある日、ジョージと俺は森ん中で、二百五十ヤード（約二百三十メートル）ほど向こうにいる鹿を見つけた。ジョージはここから仕留めてみせると俺に言った。けれどジョージが撃ったら、鹿は後ろ肢で立って、ぴょんと跳ねて消えちまった。俺はあんまり気の毒だったから、まんまと逃げられちまったな、なんてことはジョージに言わなかった。俺たちは鹿の足跡を探しに行った。そしたらさっきの鹿が、すっかり殺《や》られちまってるのを見つけたんだ。おまけに臓物まで取れてる。ジョージは鹿の胸をまともに打ち抜いてた。撃たれると鹿は飛びあがって、倒木の上にもんどりうって倒れた。そんときに内臓が飛び出て、弾みのついた後ろ肢が、それを蹴り飛ばして、きれいにしてくれたんだな。ついでに肝臓の一片が跳ね飛んで、鶉《うずら》の一羽にみごと命中さ。

From *Southern Folklore Quarterly*, vol.8, 1944. ［味村］

ジョン・バスの狩猟

セブームクからコーカンガモックに向かって朝から三十マイルほど歩いていると、二頭の鹿がめいめい離れたところにいるのが、ジョン・バスと俺の目に入った。ジョンは、弾は一発しか残っていないが、何とかして二頭とも仕留めてみせると言う。二頭の中間地点にある木に近づいたジョンは、ジャックナイフを出して突き立てた。それから、こっちに戻ってくるとナイフに狙いをつけて一発撃った。この先の話を信じないなら、俺の面子も木っ端微塵ってわけだ。ジョンの放った弾丸がナイフに命中すると、弾は真っ二つに裂けて、それで首尾よく二頭の鹿を同時に仕留めることができたってわけさ。

From *Southern Folklore Quarterly*, vol.8, 1944.［佐々木］

塩梅が肝心

正確な月日は定かでないが、祖父の年若い友人が家を訪れ、一晩泊まったときのことを、私はよく覚えている。祖父の友人は狩猟を好み、自分の腕を自慢にしていた。また、獲物が食卓に並べば、目や舌が肥えているのも自慢にしていた。

彼は昼を少し回った頃、家へ到着した。到着するとすぐに銃を手にし、自分の猟犬をつれて一回りしてくると言って出かけ、一時間あまりたったころ、袋に鳥を二羽入れて戻ってきた。一羽はヤマシギで、一羽はカラスだった。祖父は二羽をエイブにあずけ、ヤマシギを捌いてフィリスに渡すように言いつけた。若い客人は明日の早朝に出立する予定なので、朝食用に、フィリスにヤマシギを焼かせるから、と言い添えて。前に言ったかもしれないが、エイブはまるで悪魔の申し子だ。後先をすばやく見極め、知恵をめぐらせた。明日の早朝、若い客人は「お屋敷の方々」が活動を始めるまえに、起きて出て行くのだから、ヤマシギを自分の楽しみ用に取っておき、馴染みのない客人には、風味がよろしいとはいいかねる方を焼いて出しても差し支えないだろうと。そのころ、祖父は、朝の早い客人のために朝食のしたくをするよう、特にヤマシギを精一杯上手に焼いてくれ、とフィリスに言いつけていた。

祖父の言いつけどおり、明け方に目を醒ましたフィリスは、獲物の鳥を食糧庫から取り出した。ずいぶん胡散臭い鳥だこと、と思いながら。彼女は鳥に詰め物をし、あぶり焼きするための油を塗った。フィリスが心をこめて下ごしらえしたあと、エイブがいつものとおりに焼き串を回した。なにやら変に面白がって気味が悪いわねと、フィリスが何度か口をはさんだ。

若くて意気盛んなニューヨークの狩猟家が、捕らえた獲物を口にして喜ぶさまを見れば、心のひろい人なら誰しも思わずにっこりするだろう。ひとくちひとくち、舌鼓を打って味わい、小さな骨までしゃぶり、歯でせせったあとの皿には、鳥を思わせるものは何も残っていなかった。客人は出立するとき、フィリスとエイブの手に、それぞれ二十五ペンスずつ握らせてこう言った。僕は生まれてこのかた、これほど絶品の野鳥料理を味わったことがない。

From Thomas Robinson Hazard: *The Jonny-Cake Papers of "Shepherd Tom"*, 1915.［中島］

アメリカの英雄たち

アメリカは英雄で溢れている。まるで英雄がいなければアメリカではないとばかりに、どんな状況のどんな時代でも英雄が存在した。存在しなければ創造した。民俗学的に興味深い対象に限ってもその数はあまたである。そして、そのなかでもっとも毛色の変わった存在と言えば、まず間違いなくジョニー・アップルシードであろう。伝承のなかのジョニー・アップルシードの言動は、サッカリンという言葉で評する者もいることで判るように、安手なものと言わざるを得ない面があり、深い思想などを見ることはできないが、開拓地と聖人という配剤はいかにも興をそそるものである。

デイヴィッド・クロケットが人々に親しまれる存在になったのは、『デイヴィー・クロケット・アルマナック』の存在があったからである。「アルマナック」つまり「暦」であるが、アメリカのそれは、天気や占いから読み物まで掲載された盛りだくさんの冊子だった。植民地で最初のアルマナックが出版されたのは一六三九年で、人々の生活に密着していたアルマナックはアメリカの民俗、そして出版を研究する上での貴重な資料と言えるだろう。

黒人の民譚は一体に木訥な質感と寓意の混ざった独特の味わいを持つものが多い。近年、選集や研究書などの数も多くなっているようである。またここには採りあげられていないが、黒人の超人的線路工夫ジョン・ヘンリーなども、架空の人物であるが、一風変わった民俗的英雄の一人として興味深い存在である。ハンマーを手にして生まれてきたとも言われる黒人の偉丈夫ジョン・ヘンリーは蒸気ドリルと競争して勝利を得る。しかしその代償を死によって払わなければならなくなる。

デイヴィッド・クロケット［注1］、弾丸を二発命中させる

そうさ、俺は愛用の銃《ベッツィー》を、それもフィラデルフィアから出てきたばかりの頃と違わぬ見事なそいつを肩にかついで射撃場へ出向いたのさ。リトルロック中の腕自慢の男たちが俺の後に続いた。その数が町の大半を占めるのは一目瞭然だった。不思議なものだが、小さな町っていうのは、腕に自信のない者よりも腕に自信のある奴らのほうが多いと相場が決まっているものさ。

俺の調子は最高だった。眼は蜥蜴のように鋭く、度胸はヘンリー・クレイ（一七七七―一八五二。雄弁で知られた政治家）の政治経歴のように、しっかり据わって揺るがなかった。そして俺たちは始めることにした。射程距離は百ヤード（約九十一メートル）だ。先陣をきってみせたのは、負けることなど経験したこともないような、腕に覚えのある射撃手たちだった。腕前はまあまあだった、と言っておくとしようか。ようやく俺の番が回ってきた。俺は身構え、つややかな愛用の銃《ベッツィー》を肩の高さまで上げ、慎重に照準を合わせた。そして、ぴしゃりと

弾丸を標的のど真ん中に撃ち込んだ。「俺の銃に狂いはないさ」とぞんざいに言うと、的を見ていた者たちは皆、いくぶん驚いた様子だったが、その中で苦々しい顔をして見ている者があった。

「今のはまぐれ当たり《チャンスショット》だ、大佐」地元で一番の射撃の名手と謳われる男が言った。「ディック・ジョンスン（一七八〇―一八五〇。米英戦争で活躍した米国の軍人。米国第八代大統領ヴァン・ビューレンの副大統領）が、運を天に任せ黒人たちを連れていった時の方が、よっぽどチャンスがあったさ。何曜日であろうと六回のうち五回は命中させられる」俺は自信に満ちた口調で言った。時の大統領アンドリュー・ジャクスン（一七六七―一八四五。米国第七代大統領）が、彼を撃ったベントン大佐を赦してやるときっぱり言ったときのように。大佐は今ではジャクスン大統領のこの世で一番の信奉者だ。俺の台詞はまるっきり本当のことだとも言えないのだが、男が見栄を張ろうと決めたら、中途半端な張り方ではどうしたって効き目はない。要するに、最も偉大で卓越したジャクスン大統領がまさしく、ふんぞり返ってみせることが時に効果てきめんだという模範を示していた。

男たちは、二度目の射撃をやろうと持ちかけてきた。俺にとって失うものはあっても得るものはないことを承知していたから、競技を抜けてやめにしようとした。だが、逃れる余地はなかった。赤っ恥をかいた村の親分格がこのままやられっ放しになるものかと、引かない覚悟だった。そうして俺たちは再び的に向かった。意気込んだ男たちが、今度は最初よりずっとましな射撃を行った。俗に言えば、なかなかいい線いっていたというところかな。いよいよ俺の番となり、銃を構えた。そして最初の射撃手の方を向き、心得顔で頷いて、自信たっぷりに言った。「的の中心をよく見ておけよ、そこの旦那」俺は撃ち放った。首をかけてもいいくらいだ、的を撃ち損じることなどあるわけがない。男たちはくまなく的を調べたが、俺の撃った弾丸を全然見つけられずに、大はずれだと宣言した。俺は言った。「そこを退け、俺に調べさせろ。弾丸の本当の痕跡を見つけてやろう」

男たちは道を空け、俺は的をかなり入念に調べ、ようやく声を上げた。「こいつだ。前の弾丸と全く同じ弾道を通っていたから、何の痕も残っていないんだ」

そんなことは断じて不可能だと皆は言ったが、俺は男たちに穴を調べるように言って譲らず、もし弾丸が二つ見つからなければ俺自身が射撃の標的となることに同意した。俺の満足のいくように、奴らは探しまわった。すると、まさに俺の言った通り、弾丸が本当に出てきた。というのも、俺は二度目に撃った弾丸を拾い、誰にも気づかれることなく穴の中深く押し込んでいたのさ。誰も彼もが文句無しに納得した。射撃手として噂されるとき、俺の腕前はこれまでさしたる評判を呼んではいなかったものとみえる。それから男たちはみな口々に、今日は射撃はもうたくさんだと言い、俺たちは場を酒場に移した。

酒を飲み始めてからいくらもたたないうちに、酒場の主人が来て夕食の準備ができたと告げた。俺は取り巻きたちに案内され、「見よ、勝者の英雄が来た」の楽曲が流れる中、食堂へと入っていった。

From *Colonel Crockett's Exploits and Adventures in Texas*, 1837.［松永］

［注1］デイヴィッド・クロケット。一七八六―一八三六。米国の西部開拓者・政治家。開拓時代の伝説的英雄で、ほら話の主人公。アラモ砦の戦いで戦死。

マイク・フィンク[注1]、デイヴィッド・クロケットに会う

「俺が思うに、あんた」デイヴィーは言った。

「老いぼれのデイヴィー・クロケットは、ケンタッキー銃（十八世紀開拓時代に用いられた銃）では誰にも敗れたことがないと思うだろう。ところが、あるんだ。そう、上には上がいるってものさ」

「マイク・フィンクという男のことを耳にしたことがないのなら、話してやろう。マイクはとんでもない凄腕で、天下一品の射撃を披露したことがあるのさ。ミシシッピ川の川舟の船頭だったのだが、カンバーランド川の源流沿いに小さな小屋を構え、見目麗しい女房と一緒に暮らしていた。女房は、悪いことでは無類の奴のことを愛していた」

「マイクは妻にはぼろの服を、そして自分には火薬と弾丸とウィスキーを買えるくらいしか働かなかった。そのほかにしていることといったら、熊や七面鳥をのしたり、小鹿を威かして蹴散らしたり、時にはインディアンを銃で弾《はじ》き飛ばしたりだったのさ。そし

てある夜、俺が森で奴に出くわした時のことだ、マイクと女房は小屋に毛布を敷いて、俺に一夜の宿を供してくれたよ」

「朝になると、マイクはこう言った。「俺にはケンタッキーじゅうで一番麗しい女房と、一番速く走る馬と、一番精巧な銃がある。もしそれにケチをつけるような奴があれば、羽根飾りを焦がすよりも素早く、あっという間にそいつの鼻を折ってやるぜ」

「この言葉が俺の癇に障った、そして言ったのさ。「マイク、お前の女房について口を挟む気は毛頭ない。目を見張るばかりの美しい女だというのは否定しないし、俺の女房が住んでいるのはテネシーだ。それに俺は馬を持たぬからな。けれどマイク、お前のライフル銃については、嘘を言っているとまでは言いたくはないが、本当のことだなんて言えるものか。証明してやろう。お前の芋畑の柵の一番上にいる猫が見えるかい。百五十ヤード（約百三十六メートル）ほど向こうだ。もし猫の耳がまた使いものになったら、俺の首をくれてやるさ、猫に両耳が、もしもくっついていた時にはな」

「そして俺は発砲した。馬を一頭、賭けてもいいさ、弾丸は老いぼれ雄猫の頭をかすめて両耳を切り取り、まるでかみそりを使ったかのように、頭の部分の毛を見事にそぎ取ってしまった。猫のやつは身じろぎすらしなかったし、両耳を失ったことにすら、耳を掻くまで気がつかなかったよ」

「「どうだいマイク、これでもまだライフル銃にかけては自信があると言えるかい」と俺は言った」

「「お前さん、世界の果てよりもっと遠くにいるあの雌豚が見えるかね」マイクは言った。「一腹の仔豚たちに囲まれている豚だ」するとマイクは銃を撃った」

「年取った雌豚はブーと鳴いただけで、その場で身動き一つしなかった。マイクは弾丸を込めると、猛烈な勢いで撃ち始めた。しまいには爪楊枝で掻き出すだけの尻尾が残っている豚は一匹もいなくなった」

「「さてと、クロケット大佐、尻尾をまた元どおりに付けてくれたら、俺は喜んでお前さんに礼を言うだろうな」マイクは言った」

「「そいつは不可能だが、マイク」俺は言った。「お前は一頭の豚の尻尾を一インチだけ残してやがる。こいつが俺の仕事だったらそんな勿体ないことはしねえ。手直ししてやるよ」そして俺は発砲し、申し訳程度にしか残っていない、哀れな生き物の形ばかりの尻尾をきれいさっぱり吹き飛ばした。その手並みといったら尻尾が金槌で打ち込まれたように鮮やかなもんだったよ。あんたが信じられないと思うのなら、俺はミシシッピ川の水を一滴残らず飲み干してみせてやったっていいんだぜ」

「マイクは俺の言葉にかちんときた。そして女房がひょうたん一杯の水を求めて泉に行くところを後ろから銃を撃ち、髪の毛一本乱さずに、女房の頭から櫛を半分吹き飛ばした。そして女を呼び止め、櫛の残り半分を俺に撃ち抜かせようとした。天使のような女房は玉蜀黍畑の案山子のようにじっと立ち尽くした。長年の経験からマイクのやりかたには慣れていたんだろう」

「「待て、待てマイク」俺は言った、「百マイル以内にいる女に銃口を向けたりしたら、デイヴィー・クロケットさまの手は、きっと震えちまうだろう。だからマイク、俺は撃つのは遠慮させてもらうよ」とね」

From *Crockett Almanac* for 1840, vol. 2. ［松永］

［注1］マイク・フィンク。一七七〇／八〇―一八二三。米国の西部開拓者。伝説では多くのほら話の英雄として扱われるが実際の生涯については曖昧な点が多い。

ゴフか[注1]、ホエイリーか[注2]、さもなくば悪魔だ

追跡者たちがニューヘヴンまで辿り着いた頃か、あるいはその少し前、人々に追跡者を迎える覚悟をさせるため、ダヴェンポート師（一五九七―一六七〇。英国から渡米した牧師。一六六一年チャールズ一世の弑逆罪に問われた判事らを入植地に匿うことを許可した）は公衆の前でイザヤ書から十六章三、四節を引いて説いた。「忠告を受けよ、審判を下せ、真昼のさなかでも汝の影を夜と為し、追放された者らを匿え、さすらいびとを売り渡すな。追放された者、モアブを汝とともにとどまらせよ、汝は隠れ蓑となり、奪い去る者の目からさすらいびとを守れ」その説法が功を奏したのは間違いなかった。町じゅうの人々はこぞって歩哨の役を果たし、心を一つにして警戒し追放された判事たちを匿ったのである。その判事たちの優れたフェンシングの腕を示す、つぎのような逸話が伝えられている。ボストンで起こったことである。ボストンに一人の剣術の達人がいた。競技のために作られた壇上から、誰かれ問わず、剣を交えるよう観衆に勝負を挑んでは、幾日もの間、楽々と勝利を収めていた。ついには、その判事たちの一人が壇

上へ登った。変装のためあかぬけない農夫の服を身につけ、片手に握るのは、盾代わりの、ナプキンで包んだチーズ一つ。もう一方の手には、長柄のモップが一本。モップの毛先は、進み出る際にあった汚い水たまりの水で濡れたままになっていた。剣術の達人は、身の程知らずな男めと罵倒し、何用があってそこにいるのだとどなりつけ、失せろと命じた。判事は一歩も退かず、剣士が判事を追い払おうとして突きを入れるやいなや——戦いの火蓋は切られた——達人の剣をチーズで受け、押さえつけながら、モップの毛先で優雅に男の口を撫で、両頰に紳士のような頰髭を描いた。達人はもう一度突きを入れたが、再び突いたその剣もチーズに阻まれたままとなり、判事はモップを男の顔じゅうになすりつけた。すると対する紳士は自分の突き剣を捨てて広刃の剣を手に取った。そこで判事は言った。「おい、やめないか。ここまでは、ほんのお遊びで、わたしもお前を傷つけないようにしてやった。だが、その広刃の剣でこのわたしにかかってくる気なら、お前は間違いなく命を落とすことになる」そのきっぱりとした口調に気圧され、剣の達人は思いとどまって叫んだ。「いったいあんたは何者だ？　ゴフか、ホエイリーか、さもなくば悪魔にちがいない。俺を負かすことのできる男は、イングランドではそれ以外誰ひとり、いやしなかったからな」

From John Warner Barber: *Historical Collections of Every Town in Massachusetts*, 1839.

〔松永〕

〔注1〕ウイリアム・ゴフ William Goffe. 一六〇五―七九。イングランド議会軍の少将。チャールズ一世の死刑執行令状に署名した判事。一六六〇年王政復古で国王殺しの罪に問われ、米国へ逃れ客死。

〔注2〕エドワード・ホエイリー Edward Whalley. ?―一六七五? チャールズ一世の死刑執行令状に署名した判事。義理の息子ゴフと共にニューイングランドへ逃れ客死。

ハドリーの守護神

前夜のうちに、インディアンは町へ接近し最南端に伏兵を置いた。そして北に向かい前進した主力隊は、夜明けとともに果敢に攻撃を開始した。だが集結した英国軍は矢来を巡らしこれに応戦した。インディアンは通りの北端にある家屋を占拠すると納屋に火を放ったが、間もなく痛手を負い退却を余儀なくされた。戦闘は町の各地で再び始まった。インディアンは激しい抵抗を受けてはいたが、ハドリーを攻め落とす構えを見せていた。が、その激烈な勢いも一発の大砲弾に押しとどめられた。村から逃れてくる人々を襲撃するという目標も達せられず、インディアンは伏兵を後退させた。ノーサンプトンにいたタルコット少佐はその戦いを聞きつけ急遽、川を渡り、ハドリーの軍勢に合流し、インディアンを森へ追い込んだ。英国軍側の損失はわずか二人か三人であったが、インディアン側の損失は確かな数を摑むことはできなかった。

不思議なことがあったのは、狼狽しながらも、町の人々がインディアンを迎え撃っため、結集した時のことである。威厳に満ちた顔つきのひとりの男が現れた。町人とは異なる立派な出で立ちで指揮をとり、人々を配備し鉄壁の守りを固め、豊富な軍事戦術の知識をいかんなく発揮した。男の助言と実践のおかげで、人々は終始、縦横無尽に戦場を駆けることができた。インディアンが撤退すると、謎の男も姿を消し、その後、人々の間で男の姿を見たという者はいなかった。町を救った者は誰であったかを知る者も、推測できる者もおらず、当時の一般的な考え方通りに、ハドリーの町は守護神によって救われたのだと、想像するほかなかった。記憶に甦らせて欲しいのは、その頃、村にはホエイリーとゴフという二人の判事が匿われていたことである。二人はラッセル牧師の邸にいたのであった。当時、守護神と思われた人物はゴフ将軍をおいてほかにはいない。危機の差し迫った村を見て、大きな危険を冒し、身分を隠したまま住民の中に混じり、そして熾烈な防衛戦に人々を駆り立てたのであった。ホエイリーはさすがに寄る年波には勝てず、おそらく人目につかない部屋にとどまっていたのであろう。

From John Warner Barber: *Historical Collections of Every Town in Massachusetts*, 1839.

［松永］

ロイ・ビーン

ロイ・ビーンは実在の人物である。一八八〇年代から一八九〇年代にウエストテキサスでかなり杜撰な裁判をした判事だった。ロイ自身とても誇りに思っていた彼の愛称「ペコス川の西の法」はいかにもテキサスらしい、開拓民的な誇張に満ちた諺「ペコス川の西に法なし、エルパソの西に神なし」からとられたものである。一八八二年、ビーンは五十代にさしかかった頃でペコス川に近い南太平洋鉄道の用地に住民として、判事として、そして酒場の主人として家を構えた。彼は有名なリリー・ラングトリーの写真を見て彼女に恋してしまった。酒場の名前を彼女に敬意を表して「ジャージーの百合」"Jersey Lilly"（ロイは"Lily"とあるべきところを"Lilly"と綴った）とした。後年ロイは公式にラングトリーという名の小さな新開地をつくろうとさえした。

中国人の鉄道労働者が殺されたときの話である。ロイは殺人者を取り調べ、無罪として釈放した。中国人を殺すのが犯罪だという法律が見あたらないというのがその理由だった。

また自分が結婚させた二人にうやむやな手続きで離婚の許可を与えたりしたという話もある。その時のいいわけはこうだ。「間違いを正したまでだ」一八八二年に十人の男がペコス川の完成間近の鉄橋から墜落した。七人が亡くなった。残りの三人も致命傷を負った。ロイは死体確認のため検死官として呼ばれた。彼は一人一人に判断を下した。「この者は倒れてきた材木の下敷きになって命を落とした」しかし見物人の一人が三人はまだ生きていると思いきって指摘した。ロイは反論した。この逸話の変形は数多くあるがビーンの言葉はかなりの程度まで一致する。「何を言っているんだ、頓痴気め。誰が此処に検死にきていると思っているんだ。君にはこの三人がもう死にそうだとわからないのか。この私がもう一度三十マイルもの道のりを騾馬の痛い背に乗って検死のためにやってくるなどという馬鹿なまねをすると思うのか。公式かつ合法的には十人の男は死んでいる。だから私は一人残らず死んだと断言するのだ。だから君も男たちは大木が倒れてきて死んだのだと評決するように」

Ben C. Clough［東田］

ロイ・ビーン――検死官

すでに述べた話より少し前のことだが、もう一つロイ・ビーン検死官と橋にまつわる話でよく知られたものがある。

一八九〇年二月の日曜の午後のことだった。ペコス川事業で働いている工夫たちが大勢ジャージーの百合亭で一日を過ごしていた。その中にパット・オブライエンという名の寡黙な男がいた。彼は酒を飲んで騒いだり管を捲いたりということを好まなかった。夕暮れ近くパットは散歩に出かけようと思いたった。日陰の小道や牧場の細道などないので鉄道線路を歩きはじめた。顔に笑みを浮かべ尻ポケットには六連発銃をしのばせて。何故彼が武器を携帯していったのかは定かでない。もしかするとパットは東部の出身かもしれない。東部の人たちは生粋のテキサス人よりも銃の携行を好んでいるからだ。

パットがラングトリーの三マイル西にあるマイアズ・キャニオン橋に着いた時、いつものように強風が涸れ谷へ吹きおりてきた。あまりの強烈な風にパットは足を踏み外し谷底へと落ち、尖った岩に激突してその生涯を閉じた。保線区の工員や線路巡視係はこの橋を渡る時はいつでも十分に注意を払っていた。けれど余所から来た者にはわからない。気づいた時は手遅れなのだ。

その晩パットは発見された。そしてロイに通報がいった。今はデル・リオと名乗るジム・キングとロイの二人が四輪荷馬車で出かけ、遺体を引きとってきた。そして酒場のテーブルの上にのせた。誰一人彼がパットという名前だという以上のことを知る者はいなかった。それで身元確認のために持ち物を調べた。そうして出てきたのが六連発銃と四十ドルの金だった。

「さて」ビーン検死官は話しだした。「私はこの気の毒な男を葬ることにする。だがこの岩だらけの地は掘るのが大変だ。よってこの被告に銃を隠し持っていた廉で四十ドルの罰金を科す」

ジム・キングを振りかえってビーンは言いたした。「ジミー、上手い処理だと思わないか」ジミーは同意した。だがロイは自分が歴史に残る判決を下したなどとは考えてもいなかった。ところが人から人へとかなりの早さでロイの裁決は伝わり、ふたたびテキサスは忍び笑いに包まれた。『サン・アントニオ・エクスプレス』紙は三月にロイの裁決の話を入手すると早速世間に披露した。

「紳士諸君」ロイは陪審と見物人に話しかけた。「パットがどんなふうにして死んだのか突きとめることは出来ませんでした。彼は橋から落ちた。それが全てであります。ただ判らないことが一つあります。即ちパットは銃で何をするつもりだったのかということです。当然ながら本人は死んでしまったので釈明することはかないません。これは法の責任ではない。彼自身の不運だ。罪は罪、法は法。この件に関してパットは十分なる釈明を申し立てることが出来ないので銃を持ち歩いた罰として彼に四十ドルの支払いを命じます。どのみち一人の男が死んだからってテキサス州が目の前にころがってきた金を拾ってはいけないという法はないからです」

検死の二、三時間後、遺体は埋められた。礫土のためあまり深く埋められなかった。棺は質素な木製だつた。しかし四十ドルのうちの幾らかは経費に必要なものだった。

少なくとももう一回、ロイは死者に罰金刑を言い渡したことがある。二人のメキシコ人がペインティッド洞窟で口論をするという出来事があってから一年ぐらい後のことだつた。一人が口を撃たれ殺された。遺体からピストルと十ドルを発見し、ロイは押収した。恐らくロイは前回と同じ処理が二度目も通用すると考えたのだろう。

From C. L. Sonnichsen: *Roy Bean, Law West of the Pecos*, 1943. ［東田］

ジョニー・アップルシード

「ジョニー・アップルシード」を生みだすもとになった事実は、ハーラン・ハッチャーによって簡潔にまとめられている。「伝説は、わたしたちの目の前で作られてきた。だが事実はつねにないがしろにされる傾向にあった」と述べたハッチャー氏はつぎのように語っている。[注1]

ジョニー・アップルシード、この風変わりな博愛主義者は、ジョン・チャップマンというニューイングランド出身の養樹園主をモデルとして生み出された。民衆が無意識のうちに理想の姿と穏和な性格を求めた。モデルになったチャップマンのほうは、抜け目のない大胆な商売人だったようである。マサチューセッツ州レミンスターで一七七四年九月二十六日に、兵士であり自動車修理士でもあったナサニエル・チャップマンの息子として生を受けた。父チャップマンは一八〇五年にオハイオ州に移り住み、ワシントンのセイラムで一八〇七年二月十八日に没した。ジョンは一八〇一年にオハイオにやってきて、あっという間に人で埋め尽くされていく土地の様子を目にする。未開地の限られた食物量に気づいたジョンは、開墾が進み、玉蜀黍栽培が始まれば、果物市場も必要とされると確信した。そのとおりだった。ジョンはペンシルヴェニアの林檎ジュース工場で集めた種を苗木まで育て、ピッツバーグとスチューベンヴィル、そしてマスキンガム川沿い、そのほかどこであろうと、農民の移住に備えて果樹園を手に入れ、移民の後継者達に苗木を一本六・五セントで売るか、道具や他のものと交換した。人好きのする親切な男だったので、土地の人と友達になり、温かく迎え入れられた。いきいきと輝く黒い瞳や人を惹きつける語り口調のなかに、生来の心根の良さが表れていた。事業は成功し、一八四五年五月十八日、インディアナ州フォートウェインで独身のまま死を迎え、分相応に慎ましい財産を残した。ジョンの死はフォートウェイン市の『センティネル』紙で伝えられた。「市の近くで火曜日に亡くなったジョン・チャップマン氏は、ジョニー・アップルシードとしてより広く知られ……養樹園主としての人生をまっとうした」フォートウェイン、マンスフィールド、アッシュランドには記念碑が立っている。

アメリカの愛する英雄の姿を、ジョン・チャップマンの人生のなかに見出すのは明らかに無理というものであろう。我らが友人たるジョニー・アップルシードを求めるなら、史実を忘れなくてはなるまい。優れた小説家であるウォルター・ブレア氏のつぎのような言葉がある。理想のジョニー・アップルシード像を解釈する際に、おそらく読者の助けとなるであろう。「私自身、話に色々つけ加えてしまった」みなが事実と認識していることについて述べる時でさえ、とウォルター氏は表現している。少しばかり「脚色してある」と。

実際に何があったのか、は判然としない。ある人間は、ジョニーとの結婚を約束したものの守れなかった女性がいて、ジョニーは深い傷を負ったのだと言う。マラリアに罹ったために後遺症に悩まされ、完治しなかったのだとも言われている。また別の人間は馬を治療しようとしていて、頭を蹴られたのだと主張している。ジョニーの身の上に降りかかったのはそれらのうちの一つではなく、三つ全部であると言いたがる者さえいるのだ。ジョニーの短い人生のうちに三つの出来事すべてが起きたのだとしたら、その結果は確かに注目してしかるべきものになるだろう。

理由はどうあれジョニーは、林檎の木をアメリカ中西部全域に植えるという仕事――あるいは自身が言うところの使命――を思いついた。

ジョニーの考えでは、ペンシルヴェニアやオハイオ、インディアナの開拓地にはもっとたくさんの林檎の木が必要であり、その使命を果たす人間は自分であった。だから各地に赴いた。毎年、林檎ジュースの製造時期である秋がくると、甘い香り漂うペンシルヴェニアのジュース工場を回った。林檎ジュースを絞り取ったあとの滓を集めるためだった。そして種を洗い出し、日干しをする。指先に触れる、つるりとした種の感触、それ以外は何ひとつジョニーの興味を惹かなかったようである。

翌年の春、使い古しのコーヒーの麻袋や、鹿皮の小袋に種を詰めた。それから西へ向かって、いくつかの小袋と麻袋の両方を持って歩きだした。小さい袋は、西を目指す人々一家族に一袋ずつ分け与える。大きな袋は自分で使うために担いで歩き、あちらこちらに足を止め、川沿いに、未開の草地に、人気のない土地や、人がいれば許しをえられた場所すべてに種を植えていった。果樹園への植え付けが上手くいったらいったで、ジョニー・アップルシードは（このころからそう呼ばれ始めたのだが）年中立ち寄っては、苗木の世話をしていた。

ジョニーの行動を手短に言うと、地域をくまなく歩き回った、ということになるだろう。屋外で眠り、手に入るものは何でも口に入れ、前人未踏の森に分け入り、泥濘や雪のなかを突き進み、林檎園を作ってまわること。時は過ぎ、ジョニーはたくさんの林檎で――南はテネシー、西はロッキー山脈まで多くの土地を覆い尽くした。

愚かなことだ、と言う人間もいた。

なぜ愚かなことだと思うのかと疑問を持つ者もいるかもしれない。ジョニーの行動を愚かだと判断する者たちの答えは、こうである。苦難に満ちた旅のあいだにジョニーは自分が為したことで、びた一文稼いでいないではないか。金を稼ぐことにだけ、行動の意義をみつける人々の論理である。

「金?」ジョニー・アップルシードは言うだろう。「金がなんだっていうんだ」節くれだった指を鳴らすかもしれない。「これは使命なんだ。私に与えられた使命だ。金を持ってどうするんだ? 服や家や食い物に換えるだけじゃないか。私にはよくわかってる。聖者は金にはまったく注意を払わないだろう。実際、聖者は金を見たって、笑うだけだろう。私が求めるのも林檎だけ、それに人の役に立つ香草、これらを中西部全域に育てることなんだ」

だから開拓民一家に林檎の種を与えていった――無償で。そして苗木を植える土地を少しでも空けてもらえれば人々のために移植して、若木を育てていった――無償で。何年かの時が経つと、養樹園はエリー湖岸に、エルク・クリークに、ウォールナット・クリーク、フレンチ・クリーク、またグランド川、マスキンガム川、タスカラワス川、マヒカン川沿いに、その他の何百もの湖、川、支流《クリーク》に養樹園を広げていった。養樹園で(いとも簡単に)育てた若木を売るかわりに、根に土をかぶせ、濡れた藁で包み、開拓民に配り歩いた――無償で。

ジョニーは変人であるという意見を支持した人々は、根拠が弱ければまだ他にも証拠はある、と言うだろう。ジョニーはインディアンの住む地域を放浪する。インディアンが大暴れしているような時でも、銃はもちろんナイフさえ携帯しなかったじゃないか。「インディアン?」変人は言うだろう。「インディアンが何だってんだ!」そして痩せこけた指を鳴らす。「自分から親しんで、危害も加えないとすれば、インディアンが何をすると言うんだ? 何もしないさ――それが答えだ。聖者だったらほかの人には見えないような真実が見える。インディアンが兄弟だってこともそのひとつだよ」

確かに、それは狂人の発想であると言うのにも一理あって――聞いただけでは実に狂人めいた言い分に思われる。しかしながら、ほんの些細な事柄が決定的結論を阻む――どういうわけかインディアンがジョニーを傷つけなかったこと――彼の言葉通り何も起こらなかったのだ。インディアンがジョニーの一風変った容姿に恐れをなして近づかなかったにしろ、とくべつ背の高い呪医《メディスン・マン》だと思ったからにしろ、もしくは、言葉に窮するが、ほかの何らかの理由があったにしろ、ジョニーはとにかくインディアンと上手くつき合った。それも多くの白人が白人同士でつき合うよりずっと上手にである。

誰かが動物の話を持ちだそうものなら、アップルシードはまた指鳴らしの癖を見せるだろう。「そっとしておけばいい」ジョニーは言う。「そうすれば、動物たちも同じようにするから。動物と人は兄弟姉妹、一種のね。ただ衣服やその他もろもろを真似たりしないだけで、兄弟姉妹である人間のすることを見誤ることもないんだ」

それから人間に害を与える生き物にも聞いたこともないような変った対応をする。ある夜、オハイオのどこかで、蚊《モスキート》が——それも普通の蚊よりもかなり大きいので、小型のものと区別して大蚊《ガラニッパー》などと呼ばれる蚊がやってきた。ところでジョニーはと言えば、森の外で火を焚いていたため、炎からは煙が大量に立ち上っていた。ガラニッパーは、煙に巻かれて死ぬか、炎のなかに飛込んで焼け死ぬのも構わず、次々飛んでくる。

そんな時大抵の人は「やったぞ、ざまあみろ」とでも言って、もっと薪を火にくべるだろう。

しかしジョニーは言った。「可哀相に！　火を消さなきゃならんな」それから燃え立つ炎に急いで水をかけ、暗闇のなかで震えながら横たわる——身を丸めてガラニッパーの群れとともに残りの夜を過ごすのだ。

さて、マンスフィールドからマウントヴァーノンへ向かった寒い冬の日のこと。雪のぬかるみを樹の皮で作った雪靴で歩いていた。夜になり、付近に小屋も見当たらなかったので、樹の洞を探して休もうと考えた。お誂え向きの大樹を見つけ、そばで火をおこし、持っていた玉蜀黍粉を調理し、がつがつとかっこみ、そろそろ寝るかと四つん這いになって樹の洞に頭を入れた。

けれども腰のあたりまで中に入ると、低い規則的な唸り声が聞こえてきた。炎の明かりでなんとか目を凝らしてみると、大きな熊が胸の上で前足を組み安らかな冬眠の最中であった。

ジョニーは後ろ向きのまま、少しずつ、蝸牛のようにゆっくりと、熊の眠りを妨げないようなるべく静かに這いだした。「邪魔するつもりはなかったんだ。聖者ってものは熊が大好きだから、たとえ何があっても邪魔しようなんて思わないから」

そしてあくびと伸びをすると雪に埋もれながら丸くなって眠った。

ジョニーの気が触れていると言う人々は、これで足りなければ少なくともあと三つは証拠として挙げられると主張した。第一に肉を口にしない。危険な獣さえ思いやるので。第二にカミルレモドキを林檎の種同様、各地に植えつづけた。「カミルレモドキは」とジョニーは言う。「マラリアや腸チフスに罹りにくくする。神様はご存知だ」（ジョニーは間違っている、もちろん。この植物は悪臭を放つし、野菜畑を枯らしてしまう）。第三に、はっきり口に出したわけではないのだが、自分を聖者だと仄めかしていたこと、など。

一方、誰がどのようにジョニー・アップルシードをけなそうとも、それに反論する人々もいる。「ジョニーは英雄であり聖者だ」彼らは言うだろう。「何かしら信ずるところがあり、苦しみに値するもののために――目的を果たすためなら、どんな苦難でも乗り越えた。困難に打ち勝つということはまさにこのことだ。靴もなく裸足のまま、目の粗い麻布袋で身を包み、一番寒い季節も過ごしたのだから。ジョニーは普通の帽子さえ持っていなかった。玉蜀黍粉を調理する平鍋を被っていようと、自分で拵えた厚紙の帽子を被っていようと、それは車掌の帽子のように見えた。ジョニー・アップルシードはなぜそうしたふうだったのか？　答えは簡単、ジョニーは人の良い、親切な男だった。そして見た目にも美しく、実も結ぶ林檎を育てるために国中に果樹園を作りたかった。ただみんなのためにそうしたかったのだろう」

さあ、どちらの主張に耳を傾けるのも御随意に。

Ben C. Clough［佐々木］

［注1］From Harlan Hatcher: *The Buckeye Country*, 1940.

勝利者ビッグ・ジョン

ビッグ・ジョンは毎晩お屋敷《ビッグ・ハウス》に行くと、炉辺に陣どって、大旦那の言うことに耳をそばだてていたもんだ。やつはそうやって、先々にありそうなことを山ほど仕入れていたんだ。大旦那が明日は豚をつぶそうと言うのを聞けば、ビッグ・ジョンは抜け出してねぐらに戻り、黒人《ニガー》たちに告げる。「おれたち、明日は豚をつぶすぞ」

「なんでわかるんだ」と仲間は尋ねる。

「そりゃあ、予言ができるからさ」ビッグ・ジョンは言う。「おれ様にかかっちゃ何ひとつ隠しだてできやしねえんだ」

そして翌朝、大旦那が出てくると、豚の肥えたのをつぶすから、おまえたちみな、準備しろと言ったので、ビッグ・ジョンは間違いなく予言者だということになった。それからというもの、仲間たちはやつの言うことは何でも信じるようになったんだ。

ある日、お屋敷の裏手をぶらついていたビッグ・ジョンは、奥様が洗い桶の水を捨てるのに行きあったが、水の中にダイヤの指輪が見えた。だが、やつが拾い上げるより先に、七面鳥がごくんと呑み込んでしまったんだ。

まもなく、なくなった指輪を探して家中大騒ぎになったんで、ビッグ・ジョンは大旦那のところに行って、ありかを知っていると言った。大旦那は、指輪を見つけたら、よく肥えた仔豚をほうびにやろうと請け合った。それでビッグ・ジョンは、あの七面鳥を絞《し》めれば指輪は出てくるだろうと告げた。大旦那は、自慢の七面鳥を殺したくない気持ちが先に立ったので、ビッグ・ジョンに向かって、からかってるのなら生かしちゃおかないぞと言った。しかしいざ絞めてみると指輪が出てきたので、それからというもの、大旦那も、ビッグ・ジョンは予言ができると考えるようになった。

ある日、大旦那は、白人の仲間たちに、うちには先々のできごとを予言する黒人がいるんだと自慢した。けちをつける男がいたので、大旦那は言った。「よし、賭けようじゃないか。うちの黒人が予言できる方に、川沿いの低地四十エーカーだ!」

「自信があるにしちゃ、みみっちい言いぐさだな」と相手は言う。「本気で賭けたらどうなんだ。こっちは農園丸ごと賭けるぞ」

「わしの言ったことに本気で賭けようというんだな」大旦那は言った。「それなら受けて立とうじゃないか。こっちは農園全部と馬と騾馬《らば》と豚を残らず、それに黒人も全部だ」

話はまとまって、一週間後に白黒つけようということになった。大旦那はビッグ・ジョンを呼び寄せ、賭けの話をすると、こう言った。「身代残らず何もかもおまえに賭けたんだ。もし負けるようなことになったら、殺してやるからな！」

いよいよその日がやってきて、大旦那は上機嫌で早起きした。あまり早く起きたものだから、馬の鞍も自分で着けて、ビッグ・ジョンを起こしにも行かなくちゃならなかった。ビッグ・ジョンは騾馬にまたがり、二人はお屋敷を後にして約束の場所まで出向いた。着いたところには相手方が勢揃いし、黒人たちも総出で見物に集まっているようだった。検分の品を用意するのは先方の役目だったので、ビッグ・ジョンは少しの間、離れたところに連れていかれた。そして戻った時には、逆さに置かれたばかでかい洗濯用の鉄釜を見せられ、古くて真っ黒なその釜の下にあるのは何かと尋ねられた。

ビッグ・ジョンのほかの連中は、一人残らず答えを知っている。大旦那からは、命が大事ならよくよく考えるようにと言われた。ビッグ・ジョンの口から出る言葉を待って、一同静まりかえった。ビッグ・ジョンは釜をじっとにらんでから、回りを三、四回歩いてみたものの、いったい何が隠れているのやら、ちっとも思い浮かばない。汗をしたたらせて頭をかく様子を見て、大旦那も冷や汗をかき始めた。ついにビッグ・ジョンは心を決めた。きっぱり負けを認めて、殺《や》られちまった方がいいってことよ。

「ここにいるのは、老いぼれの洗い熊なのさ」（洗い熊には「まぬけ」の意味がある）と、やつは言ったんだ。

その一言に、大旦那は帽子を放り上げて歓声をあげ、一斉にどよめきがあがった。釜の下に入っていたのはやつの言葉どおり、年取った大きな洗い熊だったんだ。大旦那は勝利を祝ってフィラデルフィアに出かけることになり、出発の前に、ビッグ・ジョンは奴隷の身分から解放すると申し渡された。現金も百ドル渡されて、留守をあずかることになったんだ。

大旦那と大奥様が列車に乗ってしまうと、ビッグ・ジョンはさっそく農園にいる黒人全員に伝えた。「旦那はフィラデルフィアの市《まち》に行っちまって、三週間帰らねえ。何もかもおれに任されてる。お屋敷《ビッグ・ハウス》に集まって、愉快な時《ビッグ・タイム》を過ごそうぜ」皆に招待の話が伝わる間、やつは使用人を何人か呼ぶと、大旦那の農場に行って豚を全部つぶしちまえと言った。

その夜ビッグ・ジョンがしつらえた食卓は、豪勢このうえない代物だった。白人の服が手に入ったやつらは皆そっちに着替えた。ビッグ・ジョンはというと、家中を開け放し、大旦那の大きな揺り椅子を持ち出して、大旦那のベッドの上に据えた。そしてダンスパーティーをやろうと皆に呼びかけるために、その上に登って腰かけた。高々とした席に鎮座ましまして大旦那の葉巻の箱を抱え込み、二本の葉巻を一緒にくわえたその時だ。哀れななりの白人が二人、部屋に入ってくるのが目に入った。

「その情けないやつらは追い出してしまえ。そいつらの居場所は台所なんだから」ビッグ・ジョンは言った。「もう来させるんじゃないぞ。ここに入《はい》れるのは上流の人間に限るんだ」

やつにはわからなかったが、その二人は大旦那と大奥様だった。留守の間にやつがどうするか見てみようとこっそり帰ってきたんだ。顔をきれいに洗うと、二人は、まだ椅子に座ったままのビッグ・ジョンの前に戻ってきた。

「ジョン」と大旦那は言った。「わが家を任せて出かけたのに、おまえときたら、私のとっておきの葉巻をふかし、豚は全部つぶして、うちの連中には乱痴気騒ぎをさせたってわけだ。これからおまえを柿の木の下に連れていって、吊るしてやろうと思っている。吊るし首がおまえには似合いのほうびだ。受け取るがいい」

大旦那が縄を取りに行った間、ビッグ・ジョンは友達のアイクを呼んで耳打ちした。

「アイク、大旦那はおれを柿の木に吊るすつもりだ。やってほしいことがある。すぐ外に出て、あの木に登っていろ。マッチを一箱持っていくんだ。そして、おれが神様に御しるしをお願いするたびにマッチを擦ってくれ」

しばらくすると大旦那は縄を手に戻ってきて、ビッグ・ジョンを木の下に引っ立てていった。輪に結んだ縄がビッグ・ジョンの首に回され、片方の端は太い枝にくくりつけられた。

「大旦那様、一つお願いがあるんだが」ビッグ・ジョンは言った。「あの世に行く前にお祈りをさせてくれ」

「いいだろう」大旦那は言った。「だけど、早くしろよ。さっさと済ませるんだ。何しろ、こんなに黒人を吊るしてやりたくなったのは、この歳になって初めてだからな」

ビッグ・ジョンは木の下にひざまずいて祈りを捧げた。「おお神様、もし大旦那様におれを吊るすなと思し召すなら、どうか御しるしをください」

やつがそう言うとアイクがマッチを擦ったので、大旦那はそれを見て身震いを始めた。ビッグ・ジョンは祈りを続け、「ああ神様、おれを吊るしたら大旦那様の命を取ろうというおつもりなら、御しるしをください」アイクがもう一本マッチを擦ると、大旦那は言った。「もういい、ジョン、それだけ祈れば十分だ――吊るし首はやめにする！」だがビッグ・ジョンはやめなかった。「神様、おれたち黒人を解放しないなら、天罰として大旦那一家の命を取ろうとおっしゃるなら、御しるしをください」アイクは今度はマッチを手につかめるだけつかんで一度に擦ったので、大旦那はこれ以上ないというぐらいあわてふためいてどこかへ走っていっちまった。

こういういきさつで、あそこのうちの奴隷たちは自由の身になったのさ。

From Stetson Kennedy: *Palmetto Country*, 1942.〔和歌山〕

ダディー・メンション

ダディー・メンションはポーク郡（ウィスコンシン州北西部に位置する）のあちこちにあった刑務所にとりたてていやな印象は持っちゃいなかったが、レイクランドの外れにある汚ないちっぽけな監獄だけは別だった。そこにぶちこまれた時、やっこさんは看守たちに言ったもんだ。あんた方とそれほど長くはおつきあいできねえと思うんだがね。あいつは浮浪罪で入れられたのさ。仕事にありつけさえすれば喜んで働くよとあいつは言いたかったが、知ってのとおり、ポーク郡じゃ、黒人《カラード》はよけいな口をきいちゃいけないんだ。

あいつに命じられた矯正期間は九十日だった——お行儀が良くても放免はなしだ。レイクランド刑務所に入ってしばらくすると郡の農場に狩り出され、切り株を掘り起こす作業班に入れられた。午後そこに着いてから仕事にとりかかり、その日は上々といったところだった。だが夕食どきになって、目の前に出された物を見たあいつのぶつくさつぶやく声がおれの耳に届いた。

翌朝は、脂身だけのベーコンしかつかない飯だったので、ダディー・メンションは昨夜《ゆうべ》よりもちょっとばかりよけいにぶつくさ言った。日の出とともにおれたちは森に行き、作業を始める。十時になるまでに四度、ダディー・メンションは、監督官のヒギンボザムからどやしつけられた。ダディーの仕事は、やつのお眼鏡にかなうほどにははかどらなかったんだ。昼飯を食べに行く時、ダディーがうなるのが聞こえた。

「こいつはまともな扱いじゃねえぜ」

飯の後、森に戻るために整列すると、ヒギンボザム監督官はダディーの前に歩み寄った。

「おい」監督官は声をはりあげた。「おまえ、午後からも仕事する気でいるのか？　それとも、懲罰房にお入りになりますかね」

ダディー・メンションはすぐには口を開かなかったが、やがてゆっくりと言った。

「監督のお望みどおりにしますさ」

ヒギンボザム監督官はどうしたらいいのかわからなかったので、何はともあれダディーを懲罰房に押しこんだ。それきり戻らず、全然様子を見にも行かなかった。行ってみたのは翌日になってからだ。「おい、おまえ」やつは声をかけた。「今日は仕事をしようって気があるか？」

「監督のお望みどおりにしますさ」ダディー・メンションは答えた。

おれはその時のヒギンボザム監督官を見ちゃいないが、そうとうカッカ来ていて、頭の上で目玉焼きができそうだったと仲間から聞いた。監督官は懲罰房に唾を吐きかけて離れ、その日はもう房には行かなかった。それから毎朝のように懲罰房に行くと、ダディー・メンションに同じことを聞き、ダディーも毎朝同じ返事をした。

そのうちヒギンボザム監督官はこう考えるようになった。ダディー・メンションは利口ぶっているわけでも生意気なわけでもなく、ただのうすのろなんだ。それでやつはダディーを懲罰房から出して、おれたちの目と鼻の先で働いている伐採作業の班に入れた。

ダディー・メンションは懲罰房から出られて喜んでいた。房に入れられたのがきっかけになって、タンパ（フロリダ州の市。フロリダは奴隷制度を禁止していた）に行こうと心に決めたんだ。監督官が聞いていない時をねらって、仕事仲間にそうもらした。しかしダディーは、脱走するのがどういうことか重々承知していた。ポーク郡じゃ、そんなことできるもんじゃねえ。すぐ撃たれちまうのがおちだ。向こうさんは手間暇かけてつかまえるなんてことはしないからだ。仮に逃げおおせても、マルベリーまで行かないうちに警察犬につかまっちまうだろう。

ダディー・メンションは、もっといい手を使わなくちゃだめだとわかっていた。そして頭を働かせた末にある方法を思いついたんだ。おれたちにもよくはわからなかった。やつは何も言わなかったからな。だが見ていると、あいつは仲間の誰よりもたくさん仕事をこなすようになっていた。一人で木を切り倒し、誰の手も借りずに材木の山まで運んでいくんだ。ある日、監督官が目を光らせていると見たあいつは、木を一本持ち上げると、そのまま一度も下ろさずに材木の山まで運んでいった。

監督官はわが目を疑った。太い松の木を丸ごと独力で持ち上げる人間がいるとは思えない。ましてや持って歩くなんて。それで確かめたいばかりに、ダディー・メンションにもう一度やらせてみた。それから看守たちを呼び集めると、ダディーが同じことをやるのを見せてやった。

監督官と看守仲間がちょっとした小遣い稼ぎをするようになるまで、それほど時間はかからなかった。切った木をダディー・メンションが持ち上げられるかどうか、皆で賭けるようになったんだ。監督官は、ダディーが賭けに勝って五セント白銅貨《バンバー》を二、三枚ふところに入れても、たいして文句は言わなかった。

監獄の庭をダディー・メンションが太い丸太を抱えて歩き回るのは、やがてお決まりの景色になった。その頃にはもう誰もが見慣れていた。それこそダディー・メンションの望むところだったんだ。ある日の午後、おれたちが森から戻ってくると、ダディー・

メンションは根こそぎひっこ抜いた木を一本運んでいた。監督官は、どこかの看守から芸当を見せろと頼まれて運んでいるものと思いこんで、何も口をはさまなかった。

ダディー・メンションは根っこの付いたままの木を持って食堂に入り、壁際に立てかけるとテーブルについて、おれたちと一緒に夕飯を食った。これといって急ぐふうもなかったが、おれは、あいつがほとんど口をきかずにいるのに気づいていた。

夕飯を済ませたあいつは、皆が食べ終わる頃を見はからって立ち上がり、丸太のところに戻った。監督官も看守もあらかた庭にいて、ダディーが太い丸太をかつぎあげるのを見ていた。ダディーは看守たちの前でしばらくおどけてみせてから、門に向かって歩き出した。肩に丸太を載せたまま。看守の誰一人気にかける者はいない。丸太をかついで脱走する人間がいるなんて、考えもしなかったからだ。

知ってのとおり、レイクランド監獄《ブルー・ジェイ》では、門に行くまでに看守の詰め所をいくつか抜けなくちゃならない。しかしダディー・メンションはそこを通る時ふりむきもしなかったから、誰からも何も言われなかった。門のところにいた看守は皆、こう考えたに違いない。監督官から丸太をどこかに持っていけと言いつけられたんだろう。でなきゃ賭けでもしたんだろう。門を出たダディー・メンションは迷わず進み、タンパへ通じる道に出た。丸太をかついだままその道を行き、ただただ歩き続けてすっかり姿を消しちまった……。

おれがダディー・メンションと再会したのはずっと後になってから、タンパでのことだ。レイクランド監獄を出てからどうやってタンパまで来たのか、見当もつかなかったので、尋ねてみた。

「何の面倒もなく済んだのは」とダディー・メンションは言った。「丸太をかついでいたからだ。すれ違ったやつらは皆、トラックから落ちた丸太をおれが運んでいくところだと思ったのさ。あんないい松の木を盗んで、ハイウェイを持って歩く図太い野郎がいるなんて誰も思わねえ。丸太は、プラント・シティーに着いてすぐ、製材所に持ちこんで売っちまった。それで、タンパまで行く十分な旅費ができたんだ。――ポーク郡のどいつも、もうこのおれをつかまえられやしねえのさ」

From Stetson Kennedy: *Palmetto Country*, 1942.［和歌山］

アンクル・マンディー

生まれ故郷のアフリカでは、アンクル・マンディーは最高のまじない師だったし、また、力のある信仰集団の指導者でもあった。鰐を崇拝するその宗教では、この野生の爬虫類は人間の同胞だとされていたんだ。白人につかまったアンクル・マンディーは、奴隷としてアメリカに連れてこられるとまもなく脱走し、サウスカロライナ州からジョージア州を経て、やっとのことでフロリダにあるインディアンの特別保護区までやってきた。そこで、セミノール族のインディアンと、同盟を結んだ脱走奴隷《マルーン》の黒人たちに混じってまじない師を務めたのさ。

そのうち白人の追っ手に半島の先へ先へと追い込まれて、アンクル・マンディーは、士気あふれる仲間をメイトランド湖の岸辺に集めた。しかし、これといった強力な武器もなく人数も少ない彼らは、ここでも敗北して、アンクル・マンディーは仲間とともにブルーシンク湖を囲む密林に退却するしかなくなった。このうえ抵抗しても無益であると神からのお告げがあったことを仲間に伝えて、アンクル・マンディーはこう誓ったんだ。私は奴隷の立場に屈することは決してなく、白人たちの手にかかって命を落とすこともない。そして言った。私は鰐に姿を変えて、ブルーシンクに棲む同胞とともに暮らそう。戦いが終わりを告げた時、私は湖から姿を現し、安らかな気持ちで大地を歩むだろう。

仲間たちはブルーシンクの岸辺で儀式を執り行った。彼らのたたく太鼓の原始的な響きにのせて、アンクル・マンディーは踊りを踊った。踊り続けるうちに、その顔は長く伸びて恐ろしい形相となり、腕も足も短くなっていった。皮膚は厚ぼったくうろこのようになり、声は雷鳴のようにとどろいた。湖からものすごいうなり声が返ってきて、ざっと千匹を数える鰐が二列になり岸に這い上がってきた。アンクル・マンディーは集まったどの鰐よりも大きかった。そして列をなす鰐の間をおごそかに歩むとブルーシンクに身を沈めた。鰐も一斉に雄叫びをあげながら、残らず後に続いた。

これが、アンクル・マンディーが鰐に変身した一部始終なんだ。今でもブルーシンクに棲む彼は、時折人間の姿に戻ってあたりを巡りながら、人々に幸運や災いをもたらすありとあらゆる魔法をかけて歩く。

それほど遠くない昔、ジュディ・ブロンスンという年寄り女がメイトランドにいて、アンクル・マンディーのまじない師の腕は自分ほどではないと吹聴した。あの男のかけた魔法なら何でも解けるのはもちろん、そのまま返してやることもできるというんだ。その自慢話を耳に入れると、アンクル・マンディーは一言こう言った。「でたらめな言いぐさもここまできわまると、天を衝く山もかなうまい」

ある日、ジュディは孫に釣り竿の用意をさせて、みみずを缶一杯分掘ってきてくれと言った。ブルーシンクに釣りに行こうとしていたんだ。老いぼれた体がくまなく蚊やツツガムシに刺されてもかまわないと言い張る。まわりの人間は、ブルーシンクは岸から二、三フィート先はもう底なしだからと言って止めようとしたが、行かなくちゃならない、それしかないというのがジュディの返事だった。そして彼女は夕暮れ時、湖に着いた。釣り針に餌を付け湖面に垂らそうとすると、夕闇がのしかかってくるような気がした。まるで人喰い獣がつかみかかってきたようだった。

ジュディはすぐにでも立ち上がり密林を抜けて逃げようとしたが、足がすくんでしまった。密林の奥から大きな風の音が迫ってきたと思った次の瞬間、体はブルーシンクに落ちていた。この世の何にもまして彼女の恐れる暗闇と水、今やその二つの魔手にかかろうとしていたわけだ。底なしの深みにはまるかもしれないと思うと、もがこうにももがけない。それでも叫び声をあげるだけの気力はあった。その声に応えるかのように頭上から一条のまばゆい光がブルーシンクを走り、輝く剣のように彼女をひたと射した。そしてジュディは、アンクル・マンディーをその目で見た。衣の裾をなびかせながら、湖面を悠々と彼女の方へ近づいてくる。その後ろには鰐の部隊も泳いでついてきた。「私がおまえをここに連れてきたのだ」アンクル・マンディーは言った。「私ほどの魔法をあやつることはできないとおまえがいさぎよく認めるまで、ここから帰すわけにいかない」光は弱まり、アンクル・マンディーと鰐の一団は水底に沈んでいった。しかし一匹の大きな鰐だけはそこに残ってジュディに寄り添ってきたので、息をしようとするはずみにどうしてもさわってしまう。

ジュディはアンクル・マンディーに降参するなんていやでたまらなかったんだが、あまりにも恐くてプライドなどにかまっていられない。いったん胸の内で負けを認めてから、大きな声に出して言った。すると鰐は離れていき、暗闇の方へ泳いでいってしまった。彼女の耳には自分を呼ぶ孫の声が聞こえた。まもなくブルーシンクから引き揚げられ、彼女は家に運ばれた。心臓の発作を起こして湖に落ちただけだといまだに人々は言うが、ジュディにはよくわかっている。まじないの道具を一切捨てた彼女は言う。またこうして暮らせるようになったことをアンクル・マンディーに感謝します。

アンクル・マンディーは今でも人間の姿で湖のあたりを散歩しては、ふたたび鰐になってブルーシンクに戻っていく。湖の鰐が夜どおし吠える声を聞くと、村の人々は胸をなでおろして言うんだ。「アンクル・マンディーは湖に帰ったらしい」

From Stetson Kennedy: *Palmetto Country*, 1942.〔和歌山〕

巨人ポール・バニヤン

ジョニー・アップルシードやジョン・ヘンリーと並んで、あるいはそれ以上に興味深い民俗学的英雄がポール・バニヤンである。

巨人の樵夫《きこり》ポール・バニヤンがいつ民間伝承のなかに登場したかははっきりしていない。十九世紀末には、カナダの東部やアメリカの北東部などの樵夫たちのあいだですでに語られていたという説もあるようだが、印刷物に限れば、ジャーナリストのジェイムズ・マクギリヴレーが一九〇六年と一九一〇年に、中西部で発行されていた新聞に載せたエッセイをもって嚆矢とするようである。ポール・バニヤンの存在が広く知られるようになったのは、一九一四年にウイリアム・B・ラーヘッドがミネソタのレッド川木材会社の宣伝用に書いたパンフレットに登場して以来である。その後、ジェイムズ・スティーヴンズなど複数の著述家の手でしだいにポール・バニヤンの世界は膨らんでいった。ポール・バニヤンの話は、その出自が曖昧なため、フェイクロア（つまり、偽のフォークロア）と見なすのが現代の通説であるが、だからといって興味が減じることは少しもないだろう。アメリカの民俗的想像力の好例がここにはある。

巨大な物を崇拝することの多いアメリカ人であるが、架空の人や動物などを描く場合、意外にも等身大に近い形で描くことが少なくない。スーパーヒーローですら、ほぼ例外なく体格の点では生身の人間のそれとさほど変わらない。その点でも、挿絵などで判断する限り、数十メートル以上の身長と思われるポール・バニヤンは例外であると言っていいだろう。ただ、身長こそ人間の規格を遥かに越えているが、日本の民間伝承中の巨人だいだらぼっちのように自然の象徴といった要素は備えておらず、あくまで人間としての要素が色濃い存在であるところが、アメリカ的であると言えるかもしれない。

ポール・バニヤンとケンプ・モーガン

聞きかじったさまざまな事柄に、私自身の即興の創作も織り交ぜて、ポール・バニヤンとケンプ・モーガンがテキサスで油井を掘り当てた話をまとめ上げた。とはいっても、聖ペテロの祝日にヒューストンのホテルの一室でとりとめもなく話したことから大筋は逸れてはいない。

ポールの時計が止まったときが全ての始まりだったようである。ポールはその時、北部の森の自分が指揮をとっている樵夫《きこり》小屋にいた。ポールには、粘っこい油を扱う五十人の雇い人とさらさらの油を扱う五十人の雇い人がいて、歯車がいつも滑らかに回るようにと働いていた。しかし、ひとしきり乾燥した天気が続いて、全てが固まってしまい、時計にさしていた油も固まってしまった。すっかり固まってしまったので、百人の雇い人が力を合わせても、歯車はてこでも回らなかった。必要な物は明らかだった。固まらない種類の潤滑油である。一つ星州《テキサス》から旅行に来ていたケンプ・モーガンがポールに石油と呼ばれている液体の話をしたのは、この時である。ケンプは農場主のために掘り抜き井戸を掘っている時にこの液体を見つけたのだった。

「行こう」ポールが言った。「もし、たっぷりあったら、小型エンジンにも使えるだろうな。いい燃料がなくてね」

二人はテキサスに行った。青色の牡牛ベイブを伴って。

夜を過ごすに格好な場所にテントを張って、朝、掘り始めることに決めた。しかし、まずテントの支柱を立てるため杭を打ち込まなければならない。ポールは頭上に七回斧を振り上げて、斧を地面に打ち込んでしまった。地面に深く刺さったため、ポールは斧の取っ手にベイブをつないで、引っ張り上げねばならなかった。ベイブは頑張って引っ張り、ぐいっと引っ張り、力を込めて引っ張った。牡牛が一休みした時、取っ手はほとんど地面の上に出ていて、斧の刃先の部分だけが地面に埋まったままだった。

ベイブが休んでいた時、斧が大きな大砲から発射されたように地面から噴き上がった。黒い液体が地上四と四分の一マイルも噴き出し、その一番上でベイブが暴れていた。それがポールとケンプの最初の噴油井だった。

それから二人が掘り始めた油井は後に世界で一番大きいことが判明した。二人が掘った油井のいくつかはまだ噴き出ている。しかし、今日、使われている油井やぐらはポールとケンプによって建造されたものに比較すると小型である。彼ら二人が建造した油井やぐらは非常に高く聳え立ち、雲により湾曲が生じるのを防ぐため、上端のやぐらを防水加工する必要があった。

最初の噴出が始まった時、ポールは手をあてて押さえようとした。噴出は一瞬止まったが、つぎに気づくと、ポールはくるくると回りながら上昇していた。石油の噴流はポールを約一マイル（一六〇九メートル）の高さまで持ち上げ、ポールが大きな雲となったので、テキサスの人々は三日間、太陽を見ることができなかった。

この話で、ポールがどれぐらい大きいか分かるだろう。ケンプもポールに並ぶばかりに大きかったので、樵夫《きこり》小屋の雇い人たちはケンプを小巨人という綽名で呼んでいた。ポールはとても大きく、松の木と並んで立つと松の木が低木にしか見えなかった。

噴出する石油によって空に持ち上げられたポールは時計の鎖を投げた。それには先端に飾りとして半トンの錨がついていた。錨は地面に沈み込み、ポールの体を落ち着かせた。つぎにポールは七連式散弾銃から銃身を引き抜き、石油が噴き出している穴に押し込んだ。ポールが銃身を曲げたので、石油は上方に垂直に噴き出る代わりに、水平に噴き出すようになった。

ケンプが仕上げを施し、以来、石油事業者が油井を完成させる方式を確立した。動梁は、ポールが楊枝として使っていた丸太の一つから作られ、主動歯車にはポールの格子縞の半コートのボタンが使われた。それからポールはパイプの先にヘラジカ皮の帽子《キャップ》をきつく留めて、どうすれば石油が流れ出す量を一定させることができるか考えた。こんな事情で、油井に蓋をすることを油井にキャップを被せると表現されるようになった。

ポールは両手を使って仕事しなければならなかったので、左手用のモンキースパナを考え出した。通常のパイプはバニヤン・モーガン油井には短か過ぎたので、二人はパイプつなぎを考え出した。今日、綿の実象虫《ボウル・ウィーヴァル》と呼ばれる油田労働者の初心者は、誰でも一人前の働き手になる前に、左手用のモンキースパナとパイプつなぎの使い方を学ばなければならない。

二人が掘った一番深い油井はオールド五十七番だった。それは中国に通じていた。それも噴油井だったが、石油は出なかった。工具が吹き飛ばされた後で、大量の白い物が湧き出てきた。米だった。突風が吹き、米の流れが止まった。まもなく、堅いかりかりの焼きそばが押し寄せた。つぎに長いドクドクという音が聞こえ、蒸気が漏れて、それから、絶え間なく炒飯と中華そばが脈打ちながら流れ出た。これが焼きそばの上に重なって大きな山になった。

何ヶ月も、油井で働く人々は中国の食べ物を食べた。みんなが違った食べ物を求めて不平を言い始めた頃、ポールの五百人の中国人の助手は欲しいだけの食べ物を持っていくように命令された。中国人たちはあちこち散らばって、料理店を開いた。今でも、何人かはモーガン・バニヤン油井から持ち帰った炒飯と中華そばで客をもてなしている。

その他にも、いろいろな物、茘枝の実、砂糖漬けの生姜といったものが噴き出してきた。しまいに油井から中国の河が流れ出てきて、見るとそこには、日本の小型の砲艦の船団が浮かんでいた。船団は油の溜め池に流れ着き、そこで動けなくなった。艦船の装甲板はくまなく原油を被った。その船団が穀物を食い荒らすマメコガネ《ジャパニーズ・ビートル》の始祖である。

石油掘削をさらに進める前に、ポールとケンプは油井の地質調査をすることにした。地面の各層を見るために、試錐機が掘り進んだ土壌から土を円筒形に取り出して地質調査は行われる。

最初に円筒形のとうもろこしパンが取り出された。

「変わった地層だな」ケンプが言った。「大変、珍しい」

それから豚の塩漬けの厚い層があった。

それから、最初の層が緑で、真ん中が白で、底が赤くて果肉質の物が取り出された。

「西瓜だ！」二人は同時に叫んだ。

それから試錐機が横に滑って、ジョージアにぶつかったことが分かった。二人は掘り続け、試錐機を南の方へ押した。メキシコ湾に到達した。それが歴史上、最初の塩水の油井である。

二人はメキシコ湾で油井枠を動かし続け、ふたたび固い陸地にぶつかった。つぎの地質調査で、いろいろな色の外衣《ブランケット》と素焼きの皿とアステカの暦の石、テキーラ一瓶、三人の旅行者を得た。確かに、そこはメキシコだった。

「左に進もう」ポールが言った。

メキシコで最初に掘り当てた噴油井はタンピコにある。そこから、あまのじゃくの英国人が飛び出した。彼は英国の石油会社に雇われそこで地質を調査していた人々の一人だった。この英国人は良く働く頭を上に載せていたが、注意深く見張る必要があった。彼は一人になると、人々が期待することと反対のことをした。そんなわけで、この英国人はケンプ・モーガンの油井枠の中に吸い込まれたのである。彼はパイプを沈めるように言われた。そこで代わりにパイプが彼を沈めるようにしたのである。

メキシコで二人が掘り当てた最後の油井はゴムの大洪水をもたらした。試錐機がタバスコにあるゴムの大木の森に穴を開けたので洪水が始まった。ゴムは一面に拡がり一枚のゴムになり、何週間もあらゆる人、あらゆる物が弾んだ。ポールは料理人のパン種《サワドー》スリムを呼び、大きなドーナッツの抜き型を持って来させた。スリムはそれでたくさんのタイヤを打ち抜いた。残ったゴムで、ポールはゴムのボイラーを作った。ゴムのボイラーは伸びに伸びて、温度がどんなに上がっても、爆発する危険がなかった。雇い人の一人がゴムのドル紙幣を作りたいと考えた。伸びるから仲間の分の支払いもでき、煙草代も残る。しかし、ポールはドル紙幣を作る権利は政府が持っているからと反対した。

残ったゴムから、ポールは印刷用にゴム製の活字を作った。この活字に関しては印刷業者の誰もが弁舌爽やかになるだろう。ゴム製の活字は割り付けの仕事をしている人たちのあいだの重要な問題も解決した。主として、後回しになることの多かった、第一面、九コラム打ち抜きの見出しの活字をどうするかという問題である。バニヤンのゴムの文字は必要な大きさに伸びたり縮んだりする。見出しを考える者にとっては、実に素晴らしい力を発揮したものである。

From J. H. Plenn: *Saddle in the Sky*, 1940.［柴崎］

雷鳴湾のたたかい

サギノーに住む鉄の男ショット・ガンダースンがポール・バニヤンに挑むために氷の上を渡って来たとき、激しい北風が吹いていた。

鉄の男は風に背を向けて立った。ポール・バニヤンの頭の中の作戦が要求していたのは自分が風に背を向けて立つことだ。しかし、ともあれ今の位置をできる限り利用するしかなかった。いずれにしても、樵夫《きこり》小屋の男たちは安全な位置に立った。樵夫たちの親方ポールは鉄の男を風と向かい合わせるようにしたかった。どうすれば鉄の男をその体勢に持っていけるかが問題だった。

実際の闘いを遅らせるため、ポールはまず舌戦を交わすことにした。ショット・ガンダースンはせせら笑いながら応じた。鉄の男は心配していなかった。鉄の男は戦いの結果に何の懼れも疑いも抱いていなかった。鉄の男は不死身だった。そして、圧倒的な力を持っていた。水が鉄の男の唯一の弱点だった。しかし鉄の男は今、厚さ十七フィートの氷の上に立っていた。そこで、鉄の男は嘲笑を浮かべて樵夫の親方に倣った。

「さあ、前にでも横にでも進め」鉄の男が耳障りな声で言った。「だが、そうしても、これっぽちも、いいことはねえぞ」

ポール・バニヤンは何も言わなかった。向かい風に抗しながら体を前に傾け、ショット・ガンダースンを見据えた。同時に左手で、岸近くの石を持ち上げた。

突然、ポールは風のなかで石をひょいと上に投げあげて、すぐさま、それを右拳の一撃で粉々にした。砂埃が、岸に立って風で飛ばされそうになっている樵夫たちの首に吹き込んだ。凄まじい笑みを浮かべてショット・ガンダースンは格子縞の短いコートのポケットから一握りの黒い粉を取り出し、口の中に押し入れた。そうして火打ち石のような硬い歯から火花を散らした。烈しい爆発が風を揺るがした。サギノーの鉄の男は歯を失うことなく、両顎のあいだの火薬を爆破させたのだ。ポール・バニヤンは表情を変えなかった。

ポールがつぎにしたことはポケットから十六フィートの長さの丸太を取り出し、肩に乗せたことだった。

「肩の上のこの丸太をたたき落とす勇気があるか？」ポール・バニヤンが唸った。

ショット・ガンダースンは編み上げ靴の先で氷に深さ五フィートの溝を掘って応じた。

「お前にこの線を越える勇気があるか?」鉄の男が荒々しく言った。

「お前を人間らしく見えるようにしてやる」ポール・バニヤンが唸った。「そのためには一皮剝《む》かないと駄目だな。これから、お前の鉄の皮を剝いてやる」

「俺はこれから、お前を継ぎはぎだらけにしてやる」鉄の男が怒鳴った。「そのためには、まず八つ裂きにせんといかん。だから、俺は今からお前を八つ裂きにしてやる」

それで儀式は終わった。これが、森の男たちが闘いをする場合の前例となった。儀式はポール・バニヤンをひるませたりしなかった。鉄の男は自分の場所を少しも動かなかった。背に北風を受けながら、鉄の男は上体を反らせた。鉄床《かなとこ》のような拳はゆっくり、しかし確実に闘いの態勢に入った。樵夫の親方はひるみもせず、退きもしなかったが、ショット・ガンダースンが不死身で圧倒的な力を持っていることをひしひしと感じた。

噂は鉄の男の恐るべき力の半分も伝えていなかった……。

今、北風は大きな嵐には長い凪があるということを証明し始めていた。夜明け前の凪の後、風は次第に強まってきた。最初は強い風が断続的に吹き、それから、絶えることなく烈風が続き、ついには、宙を走る恐ろしいいくさびのごとく雷鳴湾を突き進み、吹き荒れた。樵夫の親方に向かって、風は荒々しく渾身の力を放った。風はショット・ガンダースンに味方した。

止めの一撃をいつ打ち込むかが鉄の男の主な悩みだった。

ショット・ガンダースンが天下無敵の拳を炸裂させた。ポール・バニヤンはその拳をかいくぐるようにして、前へ進み出ていた。ポール・バニヤンが身をかわしたので、鉄の男の一撃は、滝に投げいれた丸太のように、手応えがなかった。そこには誰もいなかった。

今度は樵夫の親方の大いなる好機だった。空振りと風の力が鉄の男の体勢を崩した。鉄の男の足元がふらついた。ポール・バニヤンの足が氷を離れた。しかしポールの手はしっかりと首を摑み、そこを支点となした。鉄の男の喉に皺が寄った。ショット・ガンダースンは靴底のとがり金を氷に埋め込ませ、踏み止まった。ポール・バニヤンは大オーガー河への大飛び込み以来の見事な着地を決めた。ポールの足は素晴らしい弧を描き、目的を達成した。今度はポール・バニヤンが風を背に受けて立った。ショット・ガンダースンは怒り狂い興奮して、首を絞められながらも、ぐいぐい前に進み出て、ポールの体を摑もうとした。

樵夫の親方は練っていた戦闘計画を実行に移すことにした。鉄の男はポールの胸ぐらを摑んでいた。後ろでは北風がいよいよ激しく吹き荒れた。風を背に、ポール・バニヤンは慎重に上体を反らした。ガンダースンの首から左手を離すと、ポールは自分の顎を鉄の男にさらした。

ポールは鉄の男のじょうご状の耳に怒鳴った。「もう一回、パンチを出すのが恐いか、はあ？　打ち合って闘うのが恐いから、組み合って闘うのか？　お前の殺人パンチはどこにいった、鉄の男さんよ？」

嘲りの言葉が投げつけられた。事実は、それまで組み合って闘っていたのはポール・バニヤンで、パンチを打ち込もうと試みていたのはショット・ガンダースンだった。鉄の男は激怒した。鉄の男は嘲りの他は何も聞かず、樵夫の親方のさらけ出されたままの顎しか見なかった。

「どっちが恐がっているか見せてやるぜ」ガンダースンは怒鳴った。「どっちが組み打ちをしたがっているか見せてやる。今すぐ、お前の顎を粉々に砕いてやる」

傲岸な言葉をがなり立てている間にも、鉄の男は鉄床のような拳を編み上げ靴まで降ろし、樵夫の無防備の顎を粉砕するべく、内方向寄りのアッパーカットを打ち込む準備をした。その時、ポールの体は北風をはらんで、さらに反り返った。ポールの全ての筋肉が緊張した。鉄の男の無敵の拳は爆風に飛ばされた巨大な岩のように動き出した。

ポール・バニヤンが右手で鉄の男をぐいっと引き寄せて、右足を軸にして電光石火の如く半回転した、まさにその瞬間、ポールに遮られていた激しい北風が、ショット・ガンダースンへ向かって猛威を揮って吹き寄せた。

鉄の男の拳の一撃は砲弾十七個分の威力があった。目標に僅か数インチに迫ったとき、北風が無敵の拳を直撃して、拳は目標から逸れた。ショット・ガンダースンは自分自身の拳の一撃を受けた。深いカーブのアッパーカットは激しい衝撃と共に自分の顎の下に到着した。衝撃でショット・ガンダースンの体は吹き飛ばされ、巨大な弧を描き、後ろへ投げ出された。サギノーの鉄の男が大音響と共に、氷を突き破り、頭を下にして氷に突き刺さった。大音響はその後、五時間も鳴り響いた。湾の名前はこの時の大音響に因んでつけられた。

割れた氷の間から突き出た編み上げ靴の上に、高く跳ね上がった白い波と、重い氷の塊が降りかかった。底のとがり金を空に向けた靴の周りで、氷の破片が散乱した。靴は一度、痙攣してから動かなくなった。こうして気短かなショット・ガンダースンはその生涯を閉じたのである。

From James Stevens: *The Saginaw Paul Bunyan*, 1932.［柴崎］

ポールの家庭生活

ポール・バニヤンの牝牛ルーシーは、我々が知る限り、ベイブともベニーとも何ら関係がない。ルーシーがベイブとベニーの母親であるという説は根拠に欠ける。そもそもルーシーが来るずっと以前から、二頭の牡牛はポールに飼われていたのである。

この驚嘆に値する乳牛の血統について、信頼のおける資料を見つけるのは不可能である。ルーシーの乳脂肪生産の公式の記録はないし、ポールがどこでルーシーを手に入れたかも知られていない。

ポールは常々、ルーシーはある部分はジャージー牛で、ある部分は狼だと言っていた。恐らく、本当だろう。ルーシーの行動や性質が狼の先祖を持つという説を裏付けるように見える。何故ならルーシーは飽くことを知らない食欲とさまよい歩く性癖を持っていたからである。ルーシーは目に入る餌は何でも食べ、ベイブやベニーと同じ小屋で餌を与えることはできなかった。実のところ、人々はルーシーにまったく餌を与えるのをやめて、自分で餌を探し回らせるようにした。深い雪の積もった冬、高い五葉松でさえ雪に埋もれた冬、ブリムストン・ビルはベイブの古い雪靴と緑のゴーグルでルーシーの支度を整え、雪の吹きだまりで草を食むように外へ出した。最初、ルーシーは新しい履き物に戸惑っていたが、転倒することなく、新しい履き物を走らせ速さや方向を変える方法をひとたび覚えると、果てしなく広がる雪原の呼び声に答え、北アメリカじゅうを駆け巡った。そこでポールは雪で埋まった教会から鐘を借り、ルーシーの首にかけた。

餌が乏しかったにもかかわらず、ルーシーから充分なミルクが取れ、乳脂をすくい取るのに六人が忙しく働かなければ追いつかないほどだった。もし、小屋で飼って、きちんと餌を与えたなら、搾乳の大記録ができたに違いない。ルーシーが常緑樹の葉を食み、ミルクが五葉松と樅の木の精気を持ったので、人々はそれを咳止めと塗布薬に使った。そして食卓にルーシーのミルクを出すのをやめて、それからバターを作った。雪と氷が溶けたとき、このバターを潤滑油として道に塗ることで、ポールは暖かい季節でも木材搬送にそりを走らせることができた。

ポール・バニヤンの家庭生活は、いろいろな噂からすると、非常に幸福なものだった。バニヤン夫人の魅力的な人物像はウィスコンシン州ラインランダーのE・S・シェパード氏の話によってうかがい知ることができる。シェパード氏は、一八六二年、黒い雪が降った冬、ラウンド河沿いに設けられたポールの樵夫《きこり》小屋で働いたと語っている。シェパード氏は炊事小屋から李《すもも》の種を台車で運び出す仕事を受け持った。シェパード氏が三ヶ月間、その仕事に従事した後、炊事小屋で料理を作っていたバニヤン夫人が、有名な、ふんわり膨んだパンケーキを焼くため、強い火の燃料として李の種が必要になった。そこでポールはシェパード氏に、運び出した李の種を取ってこさせた。

この時期、バニヤン夫人は夕食の合図に、戸口の横の、立ち枯れて中空になった木を、啄木鳥《きつつき》が開けた穴を利用して笛のように鳴らし、雇い人たちを呼んだものである。この木の中に、短い翼、それも片方しか持たない梟の一家の巣があり、梟が何羽かぐるぐる飛んでいた。シェパード氏がポールの簡単な肖像画を描いたとき、バニヤン夫人は妻らしくポールの見映えを気遣い、ポールの髪を手斧で分け、古い横びき鋸で髪を梳いた。

他の資料から、我々は、ポールの末息子、ジーンの人物像を断片的に知ることができる。生後三週間ほど経った頃のある夜、ジーンは揺りかごから飛び出し、斧を摑んで、父の寝台から四本の支柱を切り落とした。この出来事はポールを大いに喜ばせた。ポールは自分の話に耳を傾ける者には誰によらず、自慢げにこの話をしたものだった。「この子は、いつか偉大な樵夫になるだろう」ポールは父親として誇らしげに断言した。

最後にジーンについて聞いたところによると、南部の建材会社で働いていたジーンは、単線の鉄道で木材を輸送する列車を持ち上げ、列車の位置交換を行なったということである。

From W. B. Laughead: *Paul Bunyan*, 1940.［柴崎］

雄々しさの地

ポール・バニヤンの時代には、「雄々しさの地」は現在の穏やかで危険のない状態から程遠かった。それはカスケード山脈とロッキー山脈の間の高地に広がる、なだらかな谷間にあった。山の頂上はそこからほんの数百フィートほど上に聳えていた。谷の中央にはモーラーン河が流れ、その驚嘆すべき河の両岸にセージの木が生えていた。木々の間を野生の馬がさまよい、長い耳、短く突き出た尾、長い後ろ足を持つ動物が、前足を持ち上げて座り、先祖代々の敵、金色狼の臭いを嗅ぎ取ろうと猛然と鼻を動かしていた。そこでは、縞巨獣《タイガーマンク》も尾を持ち上げて、月光の中で甲高い鳴き声を響かせていた。教授たちは、これらの、縞巨獣《タイガーマンク》、金色狼、足長獣は、ポール・バニヤンの炊事場から投げられた李《すもも》の実を食べて大型化したが、偉大な樵夫の後に続いた開拓者たちによって全て撃ち殺されたと主張している。この主張は全くの的外れである。真実はこれらの動物たちは心の底では臆病だったのであって……しかし、そのことは物語の最後に語られるべきだろう。

ポール・バニヤンはニューアイオワで悲惨な体験をした後でこの地方に引っ越してきた。ニューアイオワでは、ポールが雇った樵夫《きこり》たちはみんなすっかり詩人になってしまった。ポールは「雄々しさの地」が樵夫たちを、まっとうで正直な人間に戻すことを期待した。男性的なセージの木が樵夫たちに、詩情以外の何かを呼び起こすだろうと期待した。ポールは確信した。この森の困難な伐採事業は歴史的な偉業となるだろう。しかし、偉大な樵夫は成り行きに任せることをしなかった。ポールは大農場主ジョン・シアーズが創り出した動物を思い出した。ポールはそれらの動物の群れを購入し、西部に持ち込んだ。ジョン・シアーズは水牛から搾ったミルクが類まれな精力の元であることを請け合った。そこで、ポール・バニヤンは水牛のミルクを使って作ったホットケーキを食べさせて、詩で毒されているであろう樵夫たちの心を解毒する計画を立てた。

このようにして「雄々しさの地」での偉大な樵夫の最初の仕事は、水牛の小屋を立て、乳搾りのための囲いを作ることとなった。それが完成したとき、水牛たちが故郷から連れられてきた。渡り者《シザー・ビル》たちと呼ばれる連中がやってきて、水牛の番をし、乳搾りをした。最初に男らしさを促進する新しいメニューの朝食を取った後、樵夫たちは以前、備えていた威勢の良さをいくらか取り戻した。ポール・バニヤンは上機嫌で、セージの木の間を歩き回り、樵夫たちの仕事の計画を練った。

モーラーン河は木材切り出し業の歴史に、最も顕著で重要な足跡を残す機会を与えてくれようとしていた。国境の向こうにある水源からオレゴン海岸の河口まで、モーラーン河は大きな子供のようだった。モーラーン河はあらゆる箇所で、おかしな流れを作っていた。少しのあいだ淀みなくさらさら流れていたかと思うと、すぐに気まぐれに流れ、突発的な波を作ったり、河の表面はメリーゴーラウンドのようにぐるぐる回転する渦巻きをなすこともあり、水は渦を巻きながら、泡を盛り上がらせ、勢いよく流れた。河が隠れんぼ遊びをする流砂の地帯があって、そこでは、ほとんど河が見られないところがある。何マイルかそうして流れ、弧を描きながら、ふたたび本来の流れへと注ぎ込み、完璧な8の字を作っているのである。モーラーン河はどこでも、ジグザグと渦巻き形を作って流れ、戯《ふざ》けながら跳ね回っている。ポール・バニヤンでなかったら、モーラーン河で木材流しをするのは不可能だと結論を下しただろう。しかし、ポールは河を見て微笑したのみだった。そして、こう言った。「漕ぎ手たちが詩を忘れたら、木材流しは難しくない」

この高地の広い谷にまたがる森林は、カスケード山脈の東側の斜面から始まりロッキー山脈の西側の斜面にまで続いていた。ここに生えていたセージの木は今日の砂漠山蓬《セージ・ブラシ》に似ていた。セージの木は大きくなかった。高さ二百フィートを越える木はほとんどなかった。一本として、直径九フィートを越える丸太になる木はなかった。さらに、銀灰色の葉が茂った、太い大きな枝をたくさんつけていた。葉の大きさはサイズ十二（約三十センチ）の靴ほどの大きさである。セージの木の褐色の樹皮は粗く繊維質で厚かった。青い牡牛に曳かせて木材集積所まで運ぶ前に、丸太から樹皮を剝ぐ必要があった。

「切り倒した木を運ぶ者にも、枝を払う者にも、素晴らしい仕事が待っている」ポール・バニヤンは森をさまよいながら言った。「雄々しさの地は、樵夫には何と尊い土地だろう。俺の樵夫たちはここで生まれ変わり、前よりもさらに善良な者となるだろう、詩や思想に毒される前より」

「雄々しさの地」で木の伐採を始めた最初の日は、偉大な樵夫の大いなる期待が誤りでないことを証明するような日だった。朝食を食べた男たちは口の周りに水牛のミルクで作ったホットケーキの匂いを漂わせ、肩を揺らし、威張って歩き、大きな舌つづみを打ちながら出てきた。効能優れた食べ物は樵夫たちのあらゆる動作を活気に漲らせた。誰もが森に入って最初の十二時間で、嚙み煙草を少なくとも、コペンハーゲン三缶分と四分の一ポンドは嚙んだ。「パッ、ペーッ、プッ」という音が、あらゆる場所で、罵声や粗野な怒鳴り声に混じって聞こえてきた。斧の一振り一振りが硬いセージの木に刃を食い込ませ、キーンと音を立てる鋸の一引き一引きから常に褐色の粉が飛び散り、流れ出た。ドシン。ドスン。ドシャン。木が倒れる轟音は大砲の連射のように聞こえた。ズボンつりを身につけた樵夫たちの背中には灰色の汗が噴き出し、髪の毛が赤い汗だくの顔に垂れ下がった。樵夫たちはヒッコリー丘陵地帯を離れて以後、初めて体から湯気を立てた。みんなは森の中で喜びを感じていた。十一時間が過ぎても、樵夫たちの目は輝いていた。そうは言っても、目の縁は流れ込む汗で赤くなり、疲労の皺が目の周囲に形作られた。男たちはすっかり疲れていた。木を切り倒す者も、枝を切り払う者も口を開けて喘いでいた。男たちは噛み煙草を神経質に噛んでいた。疲れた人々がそうするように。しかし、樵夫たちの働く速さは落ちなかった。ポール・バニヤンが樵夫たちを仕事から呼び戻したとき、男たちはまだ元気に歩くことができた。

宿営地に戻ったとき、樵夫たちは大汗をかいた後にもかかわらず、べとべととして不快だと不平を言うことさえしなかった。上品に入浴の話をするものはいなかった。樵夫たちはぞんざいに体を洗い、髪を梳かした。まもなく男たちは大勢で大きな足音を轟かせながら、炊事小屋の戸口へ現れた。

夕食時になると、炊事小屋の垂木と梁が震えた。樵夫たちが熊の肉が乗った大皿に乱暴に組みついたのである。骨すら潰され、噛み砕かれ、貪り食べられた。全ての料理が食べ尽くされ、皿がきれいになっていたので、ホット・ビスケット・スリムと彼の助手たちは大いに喜んだ。

その夜、宿泊小屋では詩は朗読されず、樵夫たちは「ギャリーの岩の上のご馳走」や、その他の素朴な古い歌を大きな声で唄った。樵夫たちは全員早い時間に毛布にくるまり、眠りにつくや、たちどころに唸るような鼾を立てた。

ポール・バニヤンは鼾を聞いて、「雄々しさの地」の立派な働き手たちを高く評した。この地方がなかったら、詩の毒がどれだけ彼の純真な雇い人たちを害し続けたか、分からなかったのだ。今、雇い人たちは正常な状態に還った。

夏が過ぎ、「雄々しさの地」の短い秋が自然な経過を辿るあいだ、樵夫たちの男らしさは増進を続けた。寒い季節の最初の雪が、修復された木材切り出し宿営地に舞い下りた。雪は烈風を伴って吹き込んだ。雪片が降り積もり、たちまち、宿泊小屋の戸の回りにさらさらの雪の山ができた。朝食の時を知らせる鐘が鳴るまでには、大きな吹きだまりができて、ところどころ、窓の高さに達していた。水牛のミルクのホットケーキへと急ぎながら、樵夫たちは快活な笑いを撒き散らし、歓声を上げた。ポール・バニヤンは、腹が食べ物を求めてたてる低い音、轟くように響く陽気な罵声と、吠えるような笑い声を聞いて、心の底から嬉しくなり、くすくす笑った。そのため、ポール・バニヤンのひげに積もっていた雪が振るい落とされ、樵夫たちはその雪で埋もれてしまった。樵夫たちは雪を掻き分けて出てくると、この思いがけない愉快な出来事を大声で称え、くすくす笑う自分たちの親方に、おどけて拳を振ってみせた。それから、首のところに入りこんだ雪を取り除こうともしないで、湯気の漏れている炊事小屋をめがけて駆けていった。

　足を踏み鳴らす音、物を叩く音、物がぶつかり合ったり壊れたりする音、蒸気の上がる音、吸う音やら嚙み砕く音、厳しい冬の、この朝の食事の喧騒ぐらい、活気と力を感じさせるものはなかった。朝食が済むと、樵夫たちは、拳で大きく叩くようにして口の周りを拭い、荒々しく鼻を吹き鳴らしながら出てきた。宿泊小屋に戻ってきたとき、編み上げ靴の紐を結びながら、真の野蛮人、本物の逞しい暴れ者が氷点下わずか四十度(華氏)で、厚手の毛織地の服を着たりするかどうか議論した。

「毛織の服だって？」大勢が叫んだ。「荒くれ男の赤い血はどこに流れているんだ？　田舎っぺ野郎の赤い血は？　毛織地だって？　とんでもない。俺たちゃあ、シャツの襟のボタンだって、留めないぜ」

　宿営地のなんでも屋、樵夫小屋の雑役夫にして預言者のフォード・フォードセンが、樵夫小屋にたちまちにして行き渡ることになる案を考え出した。「真にがさつで、赤い血が流れている、ぶっきらぼうな暴れんぼう、野蛮人、下品に足を鳴らし、耳に嚙みつき、煙草を好み、髭を生やし、罵声を上げる、男の中の男は、これまで俺たちがしてたようにはズボンや靴を履いたりしない」フォード・フォードセンが言った。

「なあ、見ろ。編み上げ靴が十インチの長さがある。その上に二インチばかり羊毛の靴下が見えている。ズボンの裾はきれいにその内側にたくしこまれている。やあ、兄弟、上品すぎると思わないかね。喧嘩っ早い樵夫の服の着方じゃない。さあ、俺を見ろ。俺のする通りにするんだ。そして、神様に真っ正直な、真の暴れんぼうの一団になろう。こんなふうに、さあ、見ろ」

フォード・フォードセンは角製の柄の古いナイフを抜いて、ズボン下、毛織地のズボン、仕事着の膝から下を切り落とした。フォード・フォードセンは口に入るだけの嚙み煙草を嚙んで、拳を腰にあてて立ち、ひげを剃っていない頰を胡椒の香りのする煙草で膨らませ、形のつぶれた帽子を片目まで降ろしていた。襟はボタンを留めず、ズボンつりは膨れた上半身のために伸び、中でも人目を惹くいちばんの特徴は、ズボンが膝のすぐ下で切れ、端がぼろぼろになっていることである。その下に赤いズボン下が一インチ見えて、次は緑の羊毛の靴下、それから黒い編み上げ靴が続いていた。何と、切ったズボンとは。その仕上がりの見事さ。詩情は地に落ち、ポール・バニヤンの宿営地ではふたたび命を得て甦ることはないだろう。創意に富み、預言者と呼ぶにふさわしいフォード・フォードセンが瀕死の状態に至らしめた。

ポールは新しい格好の樵夫たちを見て、言葉に表せないぐらい喜んだ。樵夫たちのうちでも温和しい者たちが、これで低木の茂みにあまり煩わされずに済む、フォード・フォードセンの発案は役に立って素晴らしいと言うのを聞いて、ポールは満足そうに笑みを浮かべた。今日の樵夫たちがズボンを膝のところで切るのはこの理由からである。しかし、ポール・バニヤンは彼の雇い人たちがフォードセンの案を支持したのは、樵夫たちに戻ってきた気性にそれが合っていたからであることを知っていた。確かに働き手のうちの大多数の者がそれを認めた。現代の樵夫たちも、正直に、膝下を切ったズボンは暴れんぼう魂からきていることを認めるに違いない。いみじくもポール・バニヤンが言った。「礼儀作法、上品な話し方、良い香り、詩心、繊細な衣服、それらは居間、研究室、書斎にこそふさわしい。それらは温室の産物である。樵夫はきつい労働と質素な生活に誇りを持つべきである。男らしさを促すものは全て人を善良にする。フォード・フォードセン、膝のところで切ったズボンを考えついた君に栄光あれ」

ポール・バニヤンは炊事小屋の天才に小指を差しだした。フォード・フォードセンはポールの小指の周囲に、正確には周囲の四半分に、自分の腕をめぐらした。二人の発明家は握手した。

数ヶ月が過ぎて樵夫たちは水牛のミルクのホットケーキから力を得て、逞しさを増し続けた。樵夫たちはセージの木の間で懸命に働き、多くの木を倒したので、スウェーデンから来た大男スウェーデと、青い牡牛は木材集積場へ丸太を運ぶ間、駆け足で進まなければならなかった。

この年は、歴史上、厳しい冬の年として記録されている年である。しかし、肌を刺すような寒さもポール・バニヤンの逞しい男たちの血を冷ましはしなかった。この年のクリスマスほど樵夫たちが愉快そうにしていたことはなかった。ポール・バニヤンが全員にズボン切り用に考案したナイフを贈ったとき、樵夫たちは跳ねて、大声で笑った。偉大な親方は牡牛ベイブの使わなくなった二個の蹄鉄から、この素晴らしい贈り物を何千と切り出したのだった。かつてない楽しい休暇期間だった。新年の信じられないような寒さも、炊事小屋の陽気な騒がしさを少しも鎮めたりしなかった。

去り行く年の最後の夜、木材切り出し宿営地の事務所にかかっていた温度計の水銀が氷点下四百度まで下がった。管が破裂し、誰も温度が分からなくなったが、さらに寒くなったのは確かだった。翌朝、ストーブの上で沸かしていたコーヒーが、調理人たちが死に物狂いで火を焚いたにもかかわらず、凍ってしまった。樵夫たちは朝食に熱い茶色の氷を飲まなければならなかった。それでも、樵夫たちは元気良く仕事に出かけ、手袋をはめた手を打ち合わせ、地面を踏み鳴らしながら歩いた。体を暖めるために樵夫たちは懸命に働いたので、樵夫たちはこの日、少ししか話をしたり、罵ったりしなかった。これは幸運なことだった。この類まれな新年の日、話されたあらゆる言葉は発せられるとただちに凍りついてしまった。翌日、温度が上がったが、言葉は凍ったままだった。多くの樵夫たちが、空気中で固まった「やあ」と「こんちくしょう」にぶつかって、口のあたりを傷つけた。しかし、強靱な被災者は切れた唇でそんな出来事を笑うだけだった。これらの言葉は、暖かい日が来ると、みんな一斉に溶けて、一つの長々と続く悲しげに響く叫びとなり、人間の声ではないように、おかしく聞こえたので、樵夫たちはそれを聞いて、笑い転げた。

冬は寒かったが、ポール・バニヤンと雇い人たちはしぶしぶ冬が通り過ぎるのを見ていたのではなかった。何故なら、毎日が面白い出来事をもたらしたからだった。しかし、ついに、冬の白い靄を透かして射し込む太陽の光の中で、時折、灰色がかった霜の結晶体が照り輝くのが見られるようになった。ポール・バニヤンは危険いっぱいの歴史的な大事業、モーラーン河での木材流しの計画を練り始めた。春がすぐそこに来ていた。偉大な樵夫は昔ふと抱いた気まぐれな疑問を思い出した。

「春が来るなら、丸太流しが遠い先ってことはなかろう?」

樵夫たちも、木材流しの季節の到来を感じた。毎夜、職人たちが靴の底がね、鉤棒、鉤てこを砥いだので、宿泊小屋はやすり仕上げの音が鳴り響いた。人々は古い木材流しの歌をかつてないほどの大声で唄い、驚くべき足の跳躍力を見せようとして、飛んだり跳ねたりしたので、あちらこちらの宿泊小屋の床が震えた。楽しさと溢れるばかりの豊かさの中で、雇い人たちは仲間としてとけ合い、最後の詩心を持つ者が思い切って詩を朗詠した。

人生が夜のような闇であるとき
品が悪いことは良いことである
周りに光溢れているとき
騒ぐに値する者は、毒づくことができる者

それ以上、先へ進めなかった。何故ならすぐに、暴れんぼうの一人が乱暴に男の耳を嚙み、他の暴れんぼうが靴の底金で肋骨を引っ掻いたから。それが、「雄々しさの地」での詩情の最後のため息となった。ポール・バニヤンはそれを耳にして、良い知らせを喜び、人生における最も幸福な時間のひとときを過ごした。

「しかし、銀色の雲にはみな影がある」喜びの高揚が去ったとき、ポール・バニヤンは思慮深げに言った。「大変な問題や困難が予想される」こんな考えを持ったポールは賢かった。というのは、その後すぐに、厄介な問題にぶつかったからである。

偉大な樵夫は力漲る水牛のミルクのホットケーキが彼の雇い人たちに良い効果だけを与え、あまりに多くの赤い血をもたらしたとか、あまりに男っぽくし過ぎることはあり得ないと確信していたが、彼は男らしい食べ物が弱い男たちに与える恐ろしい影響を見落としていたのだった。ポールは水牛の番をしたり、乳搾りをしたりする渡り者《シザー・ビル》たちのことを考えなかった。秋を通して、渡り者《シザー・ビル》たちは従順さと、愛想の良さ以外、示さなかった。厳しい冬のあいだ、彼らは火の傍らで静かに震えていた。が、今や力漲る食べ物が恐ろしい効果を持つことを示し始めた。多くの水牛が寒い時節に死んだ。渡り者《シザー・ビル》たちは、毛深い獣の皮からズボンを作った。足長獣の何頭かも凍死した。渡り者《シザー・ビル》たちは足長獣の皮を剝ぎ、つばの広い山高の帽子を作った。冬のあいだ、寒さが彼らを苦しめた。実際的な理由から、ハンカチーフを首に巻きつけた。彼らはこの格好が気に入り、冬が去ってもハンカチーフをつけたままにした。男っぽさの次の発現はベイブの端綱の一つをほぐし、長いロープを作り、それぞれの端を輪にしたことだった。彼らは水牛の囲いの支柱に輪を投げる練習をした。しまいに投げ縄の熟練者となった。ロープで野生の馬を捉え、乗るために手なずけた。渡り者《シザー・ビル》たちはこの後、狂ったような、騒がしい一団になるに至った。ポール・バニヤンは次第に、彼らがセージの木の間をぬって馬を乗り回しているとき、甲高い声で叫んでいるのに気づいた。そして、ある朝、彼らは英傑の親方のところに来て、懇願した。自分たちをもう、渡り者《シザー・ビル》と呼ばずに、水牛男《バツファロー・ボーイ》と呼んでくれ。ポール・バニヤンは彼らの毛足の長いズボン、ネッカチーフ、山高の帽子を賞賛し、深く考えもせず、彼らの望みに同意した。ポール・バニヤンは渡り者《シザー・ビル》たちに真の男になるための可能な資質を認めなかったが、ポールは他人の価値ある志を挫く男ではなかった。

しかし、ポール・バニヤンはまもなく、古い諺の一つを思い出すこととなった。その古い諺とは、寛大の宮殿から続く道は危険の森を通るというものだった。ポール・バニヤンの寛大な態度は、「雄々しさの地」で、低級な渡り者《シザー・ビル》たちを一大勢力とした。まもなく彼らと樵夫たちの間の争いが湧き起こった。渡り者《シザー・ビル》たちが水牛男《バツファロー・ボーイ》と呼ばれることを要求したが、ポール・バニヤンの立派な男たちは、その呼び名の重々しい響きを我慢できないと感じた。水牛男《バツファロー・ボーイ》たちは帽子に大きな文字でBBと描き、水牛にも、馬にも、同じ文字を描いた。牛のお産のときに、鉄でBの文字二つを隣り合わせた形を作り、仔牛にそれで焼き印を押した。

水牛男《バッファロー・ボーイ》たちは次第に大胆になった。彼らは夜毎、野生の馬に乗って、宿泊小屋を回り、歴史的な偉大な事業の準備をしている男たちに向かって、揶揄するように、甲高く叫び、喚いた。

もちろん、このような厚かましさは長く黙認されるものではなかった。毎朝、水牛男《バッファロー・ボーイ》の何人かが耳をちぎられて嘆き、靴の鋭い底がねでつけられた傷の手当てをしている姿が見られた。しかし、水牛のミルクが彼らの血管を熱く流れ、新しく湧き上がった勇気が彼らをさらに大胆にした。ある朝、樵夫たちが仕事に出かけると、セージの木、一本一本の樹皮に、BBの形に焼かれた跡が残っていた。その日、木材流しの話はされなかった。樵夫たちは汗を流し働きながら、復讐の計画を立てていたからである。その夜、樵夫たちは水牛を囲いから逃した。水牛男《バッファロー・ボーイ》たちは外で朝までかかってようやく水牛の群れを集めた。続く夜、彼らは宿泊小屋の間を馬で駆け廻り、屋根の上に突き出たストーブの煙突に、ロープの輪を投げ掛けた。煙突は一本残らず引きずって運ばれ、森に隠された。樵夫たちは翌朝、冷たいままのストーブの前で着替えをしなければならなかった。その日の夕方、乳搾りの時間に、樵夫たちは水牛男《バッファロー・ボーイ》たちのテントに忍び入り、毛布に水をかけた。翌朝、樵夫たちは、編み上げ靴の中が氷でいっぱいになっていることに気づいた。水牛男《バッファロー・ボーイ》たちは夜のうちに、そんな悪戯をしていたのだった。下劣な連中の驚くべき無謀さは、もはや耐えられるものではなかった。

マーク・ビークープとその手下は、水牛男《バッファロー・ボーイ》たちへの懲罰は、木材流しが終わるまで踏みとどまるべきという穏健派の人々の嘆願を聞こうとしなかった。宿泊小屋の激情家たちは、「雄々しさの地」で蛮性を増し、自制心を投げ出した。激情家たちは、怒声を上げ、ついには樵夫たち全員が興奮し、いきり立った。短い時間に、宿泊小屋がもぬけの空となった。樵夫たちは、水牛男《バッファロー・ボーイ》たちのテントに行進した。音を立てず接近した樵夫たちは獅子のような獰猛さで、攻撃を始めた。水牛男《バッファロー・ボーイ》たちは臆病さを捨てて、勇敢に立ち向かった。ポール・バニヤンが宿泊小屋に入り、「出てこい、野郎ども、偉大な木材流しの時がきた」と叫んだとき、答えがなかった。水牛の小屋のほうを見ると、砂塵が何マイルも谷を覆っていた。この灰色の砂塵の海のいたる所から、風に吹かれた水面に白い波頭が浮かび上がっては沈むように、拳が見え隠れした。ポール・バニヤンは闘いの場へ急行した。

しかし、戦闘者たちを引き離そうとする、ポールの試みは成功しなかった。戦闘者たちの間に立ったポールがうっかり足を踏み出すと、彼らを踏みつけてしまう惧れがあったため、じっと立ちつくすしかなかったのである。水牛男《バッファロー・ボーイ》と樵夫たちはポール・バニヤンの足元に群がり、摑み合い、殴り合いをして、何人かは、ポール・バニヤンの靴の下に倒れ込んだ。ポール・バニヤンは両派に宿泊所に戻るよう命令したが、誰も聞こうとしなかった。そこで、ポール・バニヤンが怒鳴った。その声のあまりの凄まじさに、みんな地に倒れたが、ただちに起き上がり闘いを再開した。砂塵の中を、耳や指が飛び交った。指導者は詩がもたらした脅威よりも、さらに恐ろしい情景が繰り広げられているという思いに愕然とした。二派に分かれた連中の男らしさ、力漲るホットケーキから得た獰猛な男らしさが、耳が無く指の無い者たちの一団をもたらすのだろうか。恐るべき災いがまたも木材切り出し業に降りかかろうとしている。

絶望的な考えに捉われ、ポールの頭は発電器《ダイナモ》のように空回りしていたので、彼は初め、戦闘は続いていたとはいえ、砂塵の海が謎のように消えたことに気がつかなかった。ポール・バニヤンは樵夫と水牛男《バッファロー・ボーイ》の全員が闘うのをやめて、地面に体を投げ出したのを見て、ようやく砂塵が静まったことに気がついた。誰もがポールの足にしがみつき、恐怖で泣き喚いた。ポールは突発事が彼の雇い人たちを互いに殺し合うことから救いつつあることに気づいた。戦闘者全員半狂乱になって泣き喚いていた。「俺の靴が血でべとべとだ。俺はもう助からない！」

これを聞いて驚いたポール・バニヤンは谷や山を見渡して目を見張った。薄い霞が地面から立ち昇っていた。まもなく消えた。それからポール・バニヤンは雨が地面から湧き上がってくるのを見た。雨が何フィートも、こんな言い方が許されるならば、降り上がってきた。そして、ふたたび落ちてきた。最初の雨が水牛男《バッファロー・ボーイ》と樵夫たちの足まで噴き上がったので、みんな雨を血と間違えたのだった。全員、転げ回り、呻き、喚いていた。ポール・バニヤンの驚きはすぐに消えた。この英傑は不思議な季節、気候、出来事に慣れていたからだった。珍妙な雨が戦闘を終わらせ、害をもたらしていないことを非常に喜んだ。ポールはそれが地面を通り抜けてきた途方もない力がもたらした雨であることを知らなかった。

それは中国に降った雨が地面を通り抜けてきて起きた現象だった。

次第に雨は強まり、樵夫と水牛男《バッファロー・ボーイ》が目を開けて、叫ぶのをやめるまで長くかからなかった。今や、全員がずぶ濡れになり、突然、足に感じた暖かいぬめりの原因が血でないことに気づいた。ポール・バニヤンは雇い人たちが奇妙な雨から逃れようと、宿泊所に向かって走るのを見て、ひげを生やした口を開けて笑った。ひげは高い位置にあって、濡れるのを免れていた。戦闘は忘れられ、木材切り出し業は救われた。

新たな猛威で雨が噴き上がったとき、地面はしゅーっという音を立てた。雨滴が落ちて水流を作り、水流は二倍に増え……、そして三倍に……。一時間のうちに水流が一つしかなかったところに十本の水流ができた。雨はどしゃ降りになり、というよりは、どしゃ噴きになった。雨は豪雨の様相を呈した。というより、こう言うべきだろうか。地表の亀裂の様相を呈した。丘や森林地帯にはあちこちに小さな泉ができた。窪地に水がたまり、池ができ、底から無数の小型の間欠泉が噴出したので、池の面は泥で濁り、泡立っていた。

二つの勢力の衝突に、雨が喜ばしい終結をもたらしたことに、大いに満足を感じたポール・バニヤンは、初め、奇妙な雨が木材切り出し業に与える危険を理解しなかった。しかし、河岸に積んである丸太のことを思いだすと、河岸へと急いだ。時すでに遅かった。モーラーン河はすでに氾濫し、皮を剝いだ褐色の材木、一シーズン分の労働の果実が、泥だらけの奔流に浮かんでいた。雨は河筋一杯に薄板状に広がり、あらゆる小水路から奔流が河へ注ぎ込んだ。水嵩は一分間に一フィートの割合で増した。じきに木材切り出し宿営地にまで水が押し寄せるだろう。ポール・バニヤンは失った材木を取り戻すことをあきらめ、宿営地に急いだ。

樵夫たちは宿泊小屋を逆さにした。雨が床から噴き上がってきたからだった。彼らは垂木の上に寝台を設えた。そこは雨が降り込まず、心地良かった。何故なら、雨は丈夫な屋根を通して注ぎ込まなかったからである。彼らはポール・バニヤンが「出てこい」と呼んでいるのが聞こえたとき、しぶしぶ心地良い部屋を後にした。彼らが荒っぽい男たちだったとはいえ、ズボンを履いた足に雨が噴き上がってくることほど、不快なことは想像できなかった。しかし、河が波打ちながら、迫ってくるのを見て、ポール・バニヤンの命令を聞かずとも、炊事小屋へと走り出した。ジョニー・インクスリンガーは木材切り出し宿営地の事務所とベイブの小屋を太いロープで巨大な建物にくくりつけた。大きなスウェーデは、ダコタ州での日々以来、最もすばやい動きを見せ、青い牡牛をつないだ。河が木材切り出し宿営地へと押し寄せた、その時、ポール・バニヤンは「おーい、ベイブ」と叫んだ。青い牡牛はカスケード山脈へと突進した。ベイブは宿営地の三つの大きな建物と樵夫たち全員を引っ張って救った。しかし、宿泊小屋は氾濫する河に飲み込まれた。

ポール・バニヤンと二人の助手は二人の水牛男《バッファロー・ボーイ》と、二頭の水牛と、二匹の縞巨獣《タイガーマンク》と二匹の金色狼と、二頭の野生の馬を荒れ狂う水流から救い出した。しかし、その他の生命は失われた。

四十昼夜、雨は中国から降り注ぎ、それから、洪水が退いた。ポール・バニヤンと雇い人たちがカスケード山脈から見下ろすと、これまでの「雄々しさの地」が全部、押し流されてしまったのが見えた。そこは低い谷間だった。セージはまだ生えていたが、このセージは狐の尾のようでしかなかった。灰色の岩山の背と麓が、残った「雄々しさの地」の全てだった。どこにも、樵夫の業を営める地はなかった。しかし、カスケード山脈の新しい斜面の上に、さらに人を喜ばせる眺めがあった。カスケード山脈にまたがる古い土地が五葉松の素晴らしい森で覆われていたからである。かつての木材切り出し宿営地の周りにあったものより見事な松だった。樵夫たちは、それを見て歓声を上げた。ポール・バニヤンのひげに輝く一粒の滴は涙だったのか。もし、そうだとすれば、新しい幸福からくるものだった。

「ひどい雨だ」ポール・バニヤンはくすくす笑った。「木を切り出せる森を持ってこないとは」

冬のあいだの精力のつく食事のおかげで樵夫のように勇猛さを保っている二人の水牛男《バッファロー・ボーイ》は力強く、厳しい試練に耐えた。水牛は四十昼夜、眠り続けた。しかし、他の動物たち、可哀想な動物たち。野生の馬はもう、野生ではなかった。家畜のように柔順になり、どんな人の手からでも砂糖を食べそうに見えた。水牛男《バッファロー・ボーイ》は、その動物に小型馬《ブロンコ》という綽名をつけた。足長獣、金色狼、縞巨獣《タイガーマンク》は心の底では、非常に臆病だったので、小さくなって怯えたあまり、二十年間の成長が消し去られた。今では、どの動物も、樵夫の膝の高さまでしかなかった。大きなスウェーデは縞巨獣《タイガーマンク》について、最初でそしてただ一つの冗談を言った。縞巨獣《タイガーマンク》は怯えて木切れ《チップ》の大きさになっていた。

「縞巨獣《タイガーマンク》」大男スウェーデはにっこり笑った。「尻尾を叩いて、トトンタン。雨に降参、縞小獣《チップマンク》」

チップマンクは、今日、背に縦縞のあるリスの総称として使われている。ポール・バニヤンの物語はどのようにして足長獣がジャックラビットに、そして金色狼がコヨーテと呼ばれるようになったかは伝えていない。愉快な出来事から、それらの呼び名が生まれたのは間違いないだろう。何故なら、雨が中国から流れ込まなくなってから、樵夫たちはいつも陽気にしていたからである。いずれにせよ、そうした旧い名前は「雄々しさの地」ではもう使われていない。

From James Stevens: *Paul Bunyan*, 1925.［柴崎］

素晴らしきストーリー・テラーたち

ベン・C・クロウ

アメリカで起きた奇妙な出来事、旺盛な生命力で栄えた奇妙な人物、そしてそれよりさらに奇妙な手触りのもの、つまり創造され、記述され、誇張された種々の事物。本書に収録したのはそうしたものである。もちろん集めた話をすべて収録することは不可能なので、取捨選択は避けられなかった。メキシコとカナダに属すると思われるものを除外しただけでなく、あまりに人口に膾炙したものの大部分も諦めるしかなかった。あるいは読者諸氏の好む話も未収録になってしまったかもしれない。しかし、ともかくも、ここにはアメリカの素晴らしいストーリー・テラーがいる。また、素晴らしいストーリーの好例が気前良く収められている。事実、虚偽、そしてしばしばそれらの中間で感嘆すべき完成度にまで達する説話。異型は多く、さらに増えつづける。収録したのは私が最良と判断した版《ヴァージョン》である。けれど最良とはいったい何だろう。ストーリー・テリングにおいて正確さはあまり意味を持たない。言葉の用い方が唯一の判断基準ではないし、脚色の仕方ももちろん同様である。多くの版《ヴァージョン》のなかで私が好むのは、語り手の精神が話にもっとも共鳴していると思われるもの、もっとも真剣に語っているもの、あるいはもっとも奔放に、愉しんで語っているものである。この基準はもちろん、内容が素朴であるか、洗練されているかを問わない。それどころか、幾つかの話のなかではそのふたつは手を取りあっている。マーク・トウェインの「跳び蛙の話」では素朴なものと洗練されたものが結末で見事に対置される。以下のような具合に。

「『そうさなあ、今年、スマイリーのところにひとつ眼の黄色い牝牛が産まれて、その牛には尻尾がなくてよお、ただ、バナナみてえな、短い切り株がついてるだけだったんだ、そんでよお――』

「しかしながら、僕にはその話を聞くための時間もないし、その気もなかった。呻吟する牛の話を聞くために、そこに突ったっているわけにはいかない。僕は急いでその場を辞したのである」

前者はサイモン・ホイーラーで、素朴で多弁である。そして、相手をしているマーク・トウェインは洗練された人物である。つまり彼は芸術家であり、「呻吟する牛」といった表現は、もし話全体にホイーラーの素朴さにたいする満腔の賛意が漂っていなければ、傲岸不遜の誇りを免れ得ないようなものである。そう、ここにはひとつのパラドックスがある。マーク・トウェインより劣る文章家たちはしばしば話を語る際に、自らの優位性を無意識のうちに漂わせて台無しにしてしまう。あるいは手心を加えた結果、惨憺たる失敗をする（訛りの強調などをして）。あるいは、エレガントさを加えようとしてしくじる（幸いにも、現在のフォークロアの蒐集家たちはそのふたつの危険に自覚的で、話者と聞き手のあいだで可能な限り身を縮めている）。

収録した話は種類別に並べている。史実があり、史実擬《もど》きがある。神慮があり、魔力があり、魔女がいて、幽霊がいて、奇妙な発明があって、奇妙な動物がいる。口伝えに伝わったものもあるし、印刷物になったものもあるし、文学的な空想もある。危難があり、剛胆な行動がある。嘘があり、真実の冒険があり、ほら話がある。それに探検家がいて、謎があって、殺人があって、神話がある。変人がいて悪人がいる。文学的なものも完全に除外しているわけではない。海蛇を見た水夫も、書斎で奇妙な事件を創りあげる作家も、想像力に満たされているという点では同様なのである。傾向としては、素朴で、飾り気がなく、生活に即しているものに重きがおかれている。しかし、文学的な嗜好を満たすことも、文学的に洗練された技術を持つ書き手たちによって達成（つまり収録）されている。跳び蛙は完全にアメリカの説話である。しかし、マーク・トウェインの話のほうは徹頭徹尾文学である（原書にはトウェインの作品も収められている）。アンクル・リーマスはジョエル・チャンドラー・ハリス（一八四八―一九〇八。作家。黒人民話に基づいた短篇連作アンクル・リーマスものを書いた）の創作した人物であるが、単に頭のなかで考えられた人物として肩をすくめて退けられるようなものではない。

　語り手が文学者であれ、民衆の一人であれ、ひとつの事実は明白で、それはアメリカがつねに真実、あるいは虚偽の「話」に溢れた国であるということである。初期の北アメリカは自分の手で運命を切り拓き、自分の手で民間伝承を創りあげてきた。当時のアメリカには不可能なことはまったくなかったように、あるいはわずかしかなかったように見える。その後、豪放磊落な開拓者たちはとてつもないほら話を創造し、大胆不敵な男たちが大胆不敵な逸話を残した。昔日のダニエル・ブーンやデイヴィー・クロケットたちの話は連綿と受け継がれ、絶えることはない。一部は口承で、新聞や雑誌の短命な記事でより広く深く、暦《アルマナック》のなかの逸話で、教訓的な伝記風の書物（ウィームズの『ワシントンの生涯』のような）で、神話的な彼らブーンやクロケットは、我々の開拓者たちの代表になった。出自はより曖昧であるが同様に広く流布しているジョン・ヘンリー（一八七〇年代に活躍したと伝えられる米国の伝説的かつ超人的な黒人鉄道線路作業員）や、我々の時代のポール・バニヤンも、自慢話や途方もないほら話への率直な執着を見せている。今日でも、ジャーナリストや民俗学者や、寓話志向の小説家たちは、単にそうした神話を伝えるに留まっているわけではなく、限界などないかのように、ひっきりなしに増大させつづけている。我々は大真面目な顔の樵夫《きこり》たちからバニヤンの行状を聞かされるが、彼らの語りは奇妙に捉えどころのないもので、民間伝承の蒐集家の眼前から、しだいに退却してゆく蜃気楼のようなものである。けれども、その文学的な樵夫たちは無敵のポールの話を際限なく広め、地方色を加え、可能であるならばいっそうの誇張を加え、子供たちに話して聞かせる。

さまざまなバニヤンたちが書物のなかに進出する一方、それとは逆の流れも存在する。山地民のバラッドの歌い手たちはティン・パン・アレー（ポピュラー音楽の作曲家や出版業者の集まる地域。元来ニューヨーク市の一地区の俗称）の力を借りて、レパートリーを増やしている。古い冗談も新しい冗談も舞台やラジオから飛びだしてゆき、民間伝承の一部となる。それらのうちの幾つかはもともとそこから生まれたのであるが。とりわけ面白い話はハリウッドの脚本家たちが造りあげた合成品であっても、さほど手を加えられることなく、地方の民間伝承の語り手たちのレパートリーになる。テキサスの英雄たちを追う精力的な年代記作家J・H・プレンは述べる。

「アル・カポネとレッグス・ダイアモンドとベイビー・フェイスはみんなサム・ベースやワイルド・ビル・ヒコックやジョン・ウェスリー・ハーディンやジェシー・ジェイム

ズなどと混同されている……いつかドナルド・ダックが乗り継ぎ速達便《ポニー・エキスプレス》に乗っていたという話が出てくるかもしれない」アメリカの神話は多くの小さな工場で手作業で造られている。部品は相互に入れ替えられ、特許権によって限定されることはない。

しかし、なぜアメリカ人たちは総じてほら話《トール・テール》を好んで語るのだろうか。その理由の一端は疑いなく、新世界がその黎明の時からすでに驚異の地であったという事実に帰せられるだろう。また初期の探検家たちが、その見解を控えめなものに訂正する必要を少しも認めなかったという事実も、そのことに加担しているかもしれない。エリック・ザ・レッド（赤毛のエリック、九五〇—？。スカンジナビアの航海者）の息子のトルワルドは一〇〇〇年に「単肢族」あるいは「一本足人」のために致命傷を負った。ノヴァ・スコシア（カナダ南東部の半島）でのことである。五世紀後、コロンブスはハイチの「インド人」たちから「ここからずっと行ったところ」にひとつ眼の種族や、犬の鼻を持って、人を喰う種族が住んでいると教えられる。探検家たちはある意味で自分たちが予期していたものを見た。そしてまた、それぞれの経緯を辿って、旧世界の種々の神話も新世界に浸透していった。驚異の地といったイメージの形成に際して、先入観と想像力がなしたことに比べれば、「インド人」たちがなしたことは取るに足らないものと言って差し支えないだろう。

慧眼の持ち主とは言いがたい著述家たちが、散文的と評したニューイングランド移植の清教徒たちですら、神話創造に一役買っている。しかしそれは想像力の奔放な運動から出たものではなく、宗教的熱意ゆえの信じやすさから出たものだった。たとえばコットン・マザー（一六三三―一七二八。プロテスタントの神学者。インクリーズの子）は悪魔の行う驚異や双頭の蛇のことなどを記録している。もちろん、それは躁病的精神の産物と形容しても、当たらずとも遠からずといった類のものであるが、そうした精神はセイラムの魔女たちの処刑といった騒動をもたらすことになる。魔女裁判の記録は完全な説話のなかにもきわめて多く残っている。

全体として、初期のニューイングランドにおける驚異への嗜好は敬虔さ（虚飾と表現する者もいるだろう）が核になっていたし、神意を説明する際に格好の手法を提供することにもなった――とりわけそれはインクリーズ・マザー（一六三九―一七二三。牧師。ハーヴァード大学総長）とエドワード・ジョンスンの著作のなかに見ることができるだろう。有徳のエドワード・ジョンスンは異端者アン・ハッチンスンがインディアンにどのように首を切られたかを聞いた時、穏やかに述べた。「しかし、それはあの者たちに下された神の偉大な審《さば》きの最初のものではない（あの者たちとはアンの信奉者たちである）」エドワード・ジョンスンのような人物は明白で飾り気のない真実を述べる傾向を助長したとは言えないだろう。彼らの宗教的な訓話はトール・テールの無意識のいとこであり、それらを生みだすような精神によって、一六七八年のロンドン版からここに収録した「リソボリア」に見られるような多くの迷妄が現れ、その風潮は十七世紀が終わるまでつづいた。

十八世紀は他の多くの国と同じように、アメリカも啓蒙主義の時代、あるいはより率直に言えば懐疑主義の時代だった。もちろん皆無というわけではなかったが、生みだされるトール・ストーリーの数がもっとも少なかったのはこの時代であろう。しかし物語の才能はただ眠っていただけだった。独立戦争は冒険や壮挙の伝説を数多く生みだした。そのうちの大部分は事実がもとになっていた。しかし時間が経過するにつれてそれらは元になる事実から次第に遊離していった。十九世紀になると、教科書などによって、そうした伝説は確定したものになり、偶像破壊的な批評家などの攻撃を受けることになった。その種の話のコレクションのひとつ（リッパードの『アメリカ独立戦争の伝説』*The Legends of American Revolution*, 1876）について批評家のヘンリー・エマースン・ワイルデスは「まったく信用できない。しかし読んで面白い逸話ばかりで、それらは以前は確固たる事実であると認められていた」と述べている。同じ時代には、残忍な匪賊や大胆不敵な英雄や、間一髪の逃亡や、周到なスパイたち（何人かは女性である）、不運な囚人、国を裏切った者たちの記録もまた大量に残されている。しかしながら、ブルの渡し場で「マッド・アンソニー」ことアンソニー・ウェイン将軍の不成功に終わった攻撃に関して、一七八〇年にサミュエル・ハンティントンに宛てた手紙で、ジョージ・

ワシントンが示したような節度を備えた年代記作者は、まずいなかったのではないだろうか。ワシントンは書いている「こうした際に往々にして見られるように、今回の一事の顚末がフィラデルフィアに誇張されて伝わるのではないかと、小生はずっと懸念しています」。ギリシアのトゥキュディデスも同種の問題に逢着し、「物語《ロマンス》の不在」が自分の歴史書への興味を減少させるのではないか、との不安を表明している。しかし戦争は神話を生む。神話をすべて取り除こうとする行いは無意味である。また「話」を愛する者もそんなことを望まないだろう。

十九世紀のアメリカで主題となったのは、人間と荒野との戦いで、一八一二年の米英戦争、南北戦争、米西戦争すべてをあわせたものより、数多くの驚異的な話が生みだされている。探検の話はたちどころに広がり、新たな民俗的英雄の誕生を助けた。一八二〇年にダニエル・ブーンが死んだ時、デイヴィッド・クロケットは三十四歳で、キット・カースンは十一歳であった。クロケット、カースン、彼らの話を書いた者たち、その模倣者たちはみな弁舌爽やかだった。アメリカの年代記における彼らの貢献は看過されていない。しかし、無数のキャンプファイアーで語られた無数の話は伝えられないまま終わった。ダイヤの原石を磨きあげるマーク・トウェインはその場にはいなかった。ノートを手にしたフォークロア協会の会員はいなかった。話は語られ、その場で滅びた。尊敬すべき伝道師ティモシー・フリント（一七八〇―一八四〇。伝道師・作家）の回想の興味深い行《くだり》は一八二〇年代のミシシッピ川の生活の一端を垣間見させてくれる。ここに引用する価値は十分にあるだろう。

それが人をうんざりさせる繰り言めいたものであることはよく承知している。私たちが経験した楽しみ、感動、間一髪の逃亡、それらについて詳しく述べることが。そして私たちの好奇心を満足させたことについて語るのはいっそう退屈かもしれない。しかし、ヒンドスタン（インドのペルシア語名）のもっとも辺鄙な地方や、中央アフリカも、これ以上、新奇さの感覚を強く励起することはなかっただろう。足を止めた地はどこも驚異を提供する小世界だった。すでに述べたように、私が旅したのはアメリカ合衆国の北部で、カナダ、ニューヨークと、私はずっとインディアンを見てきた。しかし、いま私たちが見ているインディアンたちの服装や容貌は遠目にこそこれまでのインディアンとそっくりだが、詳しく観察してみると、ひじょうな猛々しさを備えていることがよく判る。豹のようなとでも形容したらいいだろうか。穏和で控えめな北のインディアンたちとは似ても似つかない。最初、私の家族はショーニー族のインディアンにたいして、見物して楽しむにはあまりに恐ろしいものだという印象を抱いた。けれども、しばしば川を渡ったり、頭上の絶壁を駆け抜けていく野生の鹿は、好奇心を満たしただけでなく、自分たちが訪れているこの国の性格について強い印象をもたらしたものである。夜になる前、一日の困難と危機を克服した私たちは、先駆けを務める舟子を選びだす。先駆けになる者は舟子たちのなかで一番働き、一番有能で、勇気と冷静さを備え、歯で曳き綱をくわえて岸まで泳ぐことを少しも厭わない者である。つまり舟子が備える技術において一等優れている者が選ばれる――そうした優れた技術をもつ者たちにとってすら、舟を停泊させるのは簡単な仕事ではなかったのだが――そしてことが成ると、私たちは祝福の言葉を掛けあい、そこで良好で安全な一日がはじめて終わったことになる。それから各自が自分たちの食料を受け取り、みな木の幹によりかかる。そして順番に自分たちの冒険を語る。ある者はミズーリ川の上流まで行ったことがある。今、私たちがいる地点から千リーグも離れた土地である。別の者は聖アントニウスの滝のさらに上流まで行ったことがある。スペイン人たちの居住地まで行った者もいた。その者は無限とも思える長さのアーカンソー川とレッド川を伝って、その地を抜けたのだった。話を信じるために想像力を拡大する必要はなかった。そんな旅、そんな土地、インディアンや熊に囲まれて、そして、知られていない種族やカナダ人やスペイン人の狩人、おそらく三つの人種の血がそのなかで混ざった人々、そうした人々でいっぱいの土地を旅することが、冒険に満たされていないと信じることはおよそ出来うることではなかった。そんな旅をする人々を見たことのない者たち、そして彼らの性格を十分に知る機会に恵まれなかった者たちには、彼らの備える剛胆さと忍耐力はいかにも信じがたいものに映るだろう。ロッキー山脈の麓での何箇月にもわたる狩り。文明を持つ人々から遠く離れ、パンも塩もなく、インディアンや白熊に絶えず脅かされる――道のない荒野の孤独な仮寓の日々。その日々のなかで彼らは辛抱強く罠を仕掛ける。そして機敏さを体得する。インディアンを避け、戦闘を避けるために環境を利用する能力を会得する。そこにあるのは困苦にひるまない心であり、人間の限界を超えているとすら思わせる精神である。一人が話し疲れると、すぐに別の者が同じ話題で話をはじめる。時折、陽に灼けた自分たちの恋人についての詳細が挟まれる。物語《ロマンス》にとって必要なものはすべて揃っているのである。ミシシッピ川の川波に揺れるボートから少し岸に上がった場所で、木陰で横になって話されたそれらの話には、仲間内だけで通じる言葉が混じっていた。あるいはしばしばおどけた批評の言葉が混じった。あるいは懐疑的な質問が周囲から飛んだ。そうした話はしばしば少なからぬ興味を私に抱かせた。当世風の表現がなされたならば、それは相当に面白い物語《ロマンス》になると思われた。

現代の民間伝承の研究家たちは、奥地開拓民《バックウッズマン》の言葉を改善するというフリントの考えに愕然とするだろう。しかしフリントのいうところの改善はなかなか適切に行われたようで、それは微妙かつ巧妙なものであった。マーク・トウェインやジョエル・チャンドラー・ハリスのような作家が想起されるところである。そのうえ、この分野でもっとも賢明な部類に属する研究者の一人が公正にも言ったように、ハリスのアンクル・リーマス物は「おそらくフォークロアと言うよりは文学と呼ぶのがより適切な種類のもの」（Journal of American Folklore Vol. 55 収録のオーレリオ・エスピノザの論文からの引用）である。たとえばタール人形の話のハリス版が適切なものに見えるのは確かである。それはアンクル・リーマスが適切に見えるのと同断である。そしてもちろん一事がうまくいけば万事うまくいくものであって、En he didn't hatter wait long, nudder（“hatter” および “nudder” の意味は未詳であるが、文型から考えると強調の副詞、あるいは韻を踏んでいることから、語りの調子を取るための感動詞と推測される。強いて訳せば「そんで、狐どんはのんべんだらだら待たずにすんだ」といったところであろうか。）といった会話に用いられる言語が、既知の黒人の訛りの厳密な音声学的転写かどうかは何とも言えないにせよ、アンクル・リーマスの話すことが適切に聞こえることは確かであり、おそらく我々にとっては、その事実だけで十分だろう。

もちろん、話が適切に響く叙述の仕方（あるいは適切に響かない叙述の仕方）はたくさんある。キット・カースンの手紙の筆致は、インディアンとの戦いの壮烈さにもかかわらず、奇妙に落ちついたものである。しかし彼のスタイルは適切に見える。イーサン・アレンの口振りは大言壮語的である。しかしそれは彼にふさわしい文体である。マーク・トウェインは『ハックルベリー・フィンの冒険』で七種類の方言を使っている。そのそして「出鱈目でもなく、あてずっぽうでもない」と同作の冒頭で説明している。その説明がなぜ必要か、トウェインは付け加える「もし、こう説明しなければ、多くの読者は、登場人物たちが共通の言葉を喋ろうと努めていて、かつ、そのことに失敗していると考えるだろう」。べつの機会にトウェインはブレット・ハートの小説に現れる鉱夫の方言についてやや辛辣に語っている「どこを探してもハートが発明したような方言で喋る者などいなかった。おそらくそれはハートと一緒に死んでしまったのだろう」。しかし小説を読む者たちはハートの描く鉱夫たちを心から愛している。この事実が何を意味するかは明らかである。マーク・トウェインもブレット・ハートも鉱夫たちをごく深く知っていたし、ごく深く愛していた。そして一方は彼らを直截な筆致で描き、一方は感傷的に描いた。その好意的な感情は明瞭に表され、読者に手渡される。

幸いにも、アメリカの小説の読者たちは粗探しをすることはない。良き読者あるいは良き聴き手は可能ならば喜んで疑義の念を傍らに押しやる。方言はでたらめかもしれない。プロットは不自然かもしれない。話中の出来事は突飛すぎるかもしれない。しかし、そんなことは問題ではない。ただそこに語りの才能があればいいのだ。実際、有りえないことが含まれているのは、アメリカの話においては不都合なことではないのだ。メイフラワー号の冒険的航海から、とうてい信じがたい原子爆弾まで、私たちのロマンス的な歴史は、私たちを空想へと誘う傾きをつねに持っていた。何十年ものあいだ、何世紀ものあいだ、民間伝承のなかで、書物のなかで、空想が力を失っていないのは明白である。ポール・バニヤンとペーコス・ビルを見れば判然とするだろう。二人は初期の伝説に現れる強力無比な者たちよりもさらに空想的である。アンクル・リーマスの系譜に連なるゾラ・ニール・ハーストン（一九〇三―六〇。黒人作家。黒人の民話・風習の研究家としても知られた）は先行者より少しも劣っていない。ジェイムズ・サーバーはかつての豪華絢爛たる嘘の大家たちの後塵を拝することはない。日常のレヴェルでも、私たちの天候の話、狩猟の話、釣りの話、有りえないようなほら話、まったくのでっちあげは絶えることがない。そう、日常のレヴェルでそれらは生きつづける。永遠に生きつづける。アメリカの偉大な嘘つきは時代を問わない。読者は本書のページを繰る際にそうした者に出会うはずである。かの者は不死と言うべきであろう。

［西崎］

解説　幻想国アメリカ

西崎　憲

アメリカの心性を支配するのは実用主義《プラグマティズム》的精神である——この見解の当否を問題にする者はあまり多くないだろう。ウィリアム・ジェイムズを持ちだすまでもなく、アメリカ人の事実を重んじる傾向は明らかであり、また「力」や「有用性」にたいする信仰は、かの国に特徴的なものである。しかし、本書の原著をふとしたことから手に入れた編者のそうした固定観念は、いとも容易《たやす》く粉砕された。本書の原著『The American Imagination at Work』のなかのアメリカは幻想に満ちていた。そして、幻想というタームを念頭において、アメリカを見直してみた時、そこに見えてきたものは、まず仄暗く神秘に満ちたニューイングランドであった。

1　十七世紀——驚異の地ニューイングランド

一六三八年に長い航海のすえようやくアメリカ沿岸に辿りついたイギリス人ジョン・ジョセリンは、ニューイングランドで大きな地震があったこと、ボストンで怪物が生まれたこと、マサチューセッツ湾で大量に人が死んだことを耳にする。新世界にやってきたジョセリンがそうした話を聞いて、どのように思ったかは、想像に難くない。ジョセリンは自分が驚異に満ちた、不思議の地にやってきたのだという感慨に強く捕らわれたに違いない。そうしたジョセリンの耳にさらに奇怪な話が飛びこんでくる。メイン州のカスコ湾をカヌーで渡っていると、雄の人魚が攀《よ》じ登ってこようとするので、船端にかかった手を斧で断ち切った。人魚は紫色の血を流しながら沈んでいった。あるいは、小舟に乗って、とある海岸の沖で夜を明かしていると、真夜中頃に不意に大音声が波の上に響きわたった。声は小舟の男の名を呼び、岸に近づいてみろ、と言う。言われるまま舟を岸に近づけると、浜辺では大きな焚き火が焚かれ、その周囲を大勢の男や女が踊っている。男や女は一時間ばかりそうして踊っていた。そしてつぎの朝、上陸して仔細に調べてみると、足跡や焚き火の跡はあるものの、岸辺にも近くの森のなかにも、イギリス人やインディアンなどの姿を見つけることはできなかった。

さまざまな入植者――イギリス人、フランス人、ドイツ人、アイルランド人などにとって、アメリカの気候や動物、植物、インディアンなどは真に驚嘆すべきものと映った。入植の時期に残された文献は多かれ少なかれ、新世界にたいする畏怖の念を伝えている。そうした畏怖の念は熱心な清教徒の心性にはことに甚大な影響を与えたようで、ニューイングランドに入植した清教徒たちは、同地を神の地だと考え、さまざまな災厄は神が下す審きだと見なした。また、インディアンの魔術や神話を悪魔がいる証拠だと考え、インディアンたちとの戦いを悪魔との戦いだと考えた。そうした清教徒たちの態度はコットン・マザーの *Magnalia Christi Americana* (1702) などを一読すると明らかになるだろう。同書に描かれたニューイングランドは宗教的な予兆に満ちた不可思議な土地である。現在の我々から見ると、まさに奇事奇物の坩堝のようで、豊穣な、との形容がつい口をついて出そうになるほどである。

コットン・マザーの父インクリーズ・マザーはアビゲイル・エリオットという少女について記している。アビゲイルは五歳の時、馬車の下で遊んでいて、金具に強く頭をぶつける。アビゲイルの頭蓋骨は陥没する。大きな傷口から飛びだした脳は小さな卵のように見えた。外科医は銀の皿で傷口を覆う。アビゲイルの傷はしかしその後何とか塞がったようで「子供の脳は潮の満干につれて膨らんだり縮んだりした。春の大潮の時には、彼女の脳は柔らかい皮膚を押しあげ、小潮の時には、頭蓋骨のなかに深く沈むのである」とインクリーズは記している。アビゲイルは頭蓋の傷にもかかわらず無事に成長して二児の母親となった。

コットン・マザーは姦淫の末に産まれた子供を殺したメアリー・マーティンという女が、判事の前で赤子の死体に手を触れると、死体から血が吹き出た、という話を記している。

マサチューセッツの造幣局長官ジョン・ハルの日記にはこうある。「二人の女が狂ったようになって、食べることを拒絶するようになった。ある女は裸で教会に行った。家鴨の卵くらいの雹が降った。子供が父親の腹を撃った。インディアンが妊婦を殺した」マサチューセッツ湾植民地の最初の総督ジョン・ウインスロップもまた日記に、異端を唱えるミセス・ハッチンスンの追随者の一人のところに産まれた子供が、顔はあるが頭はなく、口が二つあって、眼の上に角があり、胸や背中はびっしりと鱗に覆われていて、足には指の代わりに三本の鉤爪が生えていたと記している。

こうしたことが事実であったかどうかはもちろん定かではない。しかし少なくともこの種の言説が十七世紀頃のニューイングランドでは何ら違和感を覚えることなく、人々に享受されたことは事実であろう。

2　二十世紀——不思議の地アメリカ

迷信とはいったい何だろう。いったいどのような意味を有するものなのであろうか。もちろん裏付けや根拠がないからこそ、迷信と呼ばれるわけで、たとえば天気に関する迷信なども経験から導かれたものもあるかもしれないが、別段統計をとって決めているわけではないので、信憑性の点では怪しいものであろう。欧米の迷信を見ていると、キリスト教的な規範の影響を感じさせるものもないわけではないが、大半は土俗的で呪術的、アニミズム的といった印象を与えるものが多い。たいがいそれは宗教よりもアルカイックなものであるように見える。しかし、そのアルカイックなものはちょうど「無意識」のように、時として人間の行動に影響を与えたりもする。アメリカの迷信はその社会的様相を反映して、ヨーロッパ各国、アフリカ諸国、インディアンのそれが入り交じったもので、じつはアメリカの迷信と一口に片づけることのできないものである。二十世紀のアメリカで流布した迷信にはたとえば以下のようなものがある。

死体を寝かせてある部屋に猫を入れてはいけない。

塩を皿に盛っておくと死体が膨張するのを防げる。

月のまわりに輪が見えると翌日は雨。

クーガは何マイルも離れた時でも、出産の血の匂いをかぎつける。

鏡を割ると七年間不運に見舞われる。しかし破片をすべて集めて川に投げこめば、その蒙は逃れられる。

流れ星を見たら、消えないうちに「お金」と三回唱える。そうすると金持ちになれる。


軽い腰痛で悩んでいるケネディ大統領はある時、こういう手紙を貰った。「ただ、古靴を持ってくればいいのです。そうしてそれをベッドの下に逆さまに置いておくのです」

一九〇七年バークリーのカリフォルニア大学で、九百人の学生に自分の知っている迷信をリストにして、コメントを付すことを求めた。結果集まった迷信は七千種類で、うちの四千は、知ってはいるが信じていないもの、うちの二千がなかば信じているもの、残りの千件が完全に信じているもの、という結果がでた。

一九二三年、ヴァッサー・コレッジで四十五人の学生は百八十六の迷信を記録している。うちの珍しいものは、月の最後の日、寝る前に野兎《ヘア》と口に出して言い、つぎの朝、起きた時に穴兎《ラビット》と言うと幸運に恵まれる、といったものや、会話が一瞬中断したのは、その二十分前か、一時間後に天使が傍らを通っていることを意味する、というものだった。

こうした調査を現在行ったら、どのような結果が出るのだろうか。アメリカ人が他の国の人間より迷信深いか、そうでないかは比べようがないことかもしれないが、一九七〇年代にウエイランド・D・ハンドは百万件以上の迷信を集めて、デューク大学出版局から出版している。その本は手元にないので、詳細に述べることはできないが、異型を数多く含んでいるとしても、百万件というのは、途轍もない数である。少なくともアメリカ人が迷信嫌いということはないと言っていいだろう。

迷信というものは何らかの隠されたコードを含んでいると思われる。たとえば、前述の野兎と穴兎の出てくる迷信は、トーテミズムと関係しているかもしれないし、狩猟に関する民俗の名残なのかもしれない。あるいは「コトバ」の呪力という点から考えてみるべきなのかもしれない。腰痛を治す古靴の迷信は、アニミズム、つまり靴という「モノ」がもつ呪力に関することなのかもしれない。現在では見えないものの、それらは以前は明らかに何らかの意味体系のなかにあったと考えられる。意味は失われても呪力の残滓は微かながらいまだに人間の心に影響を与えるわけである。そう、それは隠されたコードを有する。そして、その「隠されたコード」というものに、どうも、アメリカの人々は強く惹きつけられるようで、不可視のコードはダウジング（二股に分かれた木の枝で水脈や鉱脈などを探す占い）、水晶、タロットカード、ウイージャ（日本のこっくりさんとほぼ同じもの。パーカー・ブラザーズが一九六六年に卓上ゲームとして売り出した）など、さまざまな形で、アメリカ人たちの生活に入りこんでいるようである。また、その時々に流行するナンセンスななぞなぞ《リドル》なども、何らかのコードの存在を示唆するようで興味深い。たとえば、以下のようなものはどうだろう。

黒くて、木のうえにいて、危ないものは何？――マシンガンを持った鳥
隅のほうにある赤くて白いものは何？――剃刀をしゃぶってる赤ん坊。じゃ、隅のほうにある赤くて緑色のものは何？――その赤ん坊の二週間後。

後者はデッド・ベイビー・ジョークと呼ばれ、一九六〇～七〇年代に流行を見たものである。果たしてこうしたリドルの流行は何を意味するのだろうか。その背後のコードはいかなる物なのだろうか。興味はつきないところである。また、「隠されたコード」

ということを考える時、忘れてはならないのは「都市伝説」であろう。

3　都市伝説の示唆するもの

ジャン・ハロルド・ブルンヴァンの『消えるヒッチハイカー』*Vanishing Hitchhiker* が上梓されたのは一九八一年で、同書はその後、日本にも紹介され、それが契機となって「都市伝説」という言葉はわが国の読書層にも広く知られるようになった。そのブルンヴァンの著書からほぼ十年後に、ゲアリー・アラン・ファインが *Manufacturing Tales: Sex and Money in Contemporary Legend* (1992) という本を上梓している。

同書のなかでファインが紹介するのは、夜、テレビを見ていた婦人がケンタッキー・フライド・チキンを食べていて、やがて自分の食べているのが鼠であるということに気づくという話である。話中では、それは仕事に不満を持つ従業員がいたずらで入れたということになっている。この話は「ケンタッキー・フライド・ラット」の呼び名で知られ、その後、都市のフォークロアを語る際には決まって言及されるものである。ファインは「ケンタッキー・フライド・ラット」の話に、社会の大きな変化にたいするアメリカ人たちの恐怖を見てとる。ファインは出てくるのが「鼠」であることに注目し、都市の腐敗、共同体意識や倫理の衰退を見てとる。また、巨大化した組織のなかで、個人性を奪われたため、人間の悪意の面が表れたのだという意のことを述べる。さらに、ファインはかつてアメリカの文化的伝統の中心であった「家族揃っての食事」というものが二次的な重要性しか持たなくなったことを指摘している。また、ファインは、下水道の白い鰐、デパートの試着室で指を切り取られて指輪を盗まれた話、ハンバーガーの肉は虫を加工したものである、ピザにはドッグフードが使われている、コーラの壜から腐った鼠の死骸が出てきた、ガムは蜘蛛の卵である、マクドナルドの社主やロックバンドの「キッス」は悪魔崇拝者である、といった話を紹介している。

ファインの分析には傾聴に値する部分があるだろう。迷信やリドル同様、都市伝説に意味を見いだすことは難しいが、そこにもやはり、何らかのコードは間違いなく存在すると思われる。都市伝説がつねに「解釈」というかたちになることに注目してもいいかもしれない。まず、解釈されるべき事象が与えられ、つぎにその解釈が現れる。そこには自分をとりまく世界、ひいては自分というものを解釈したいという欲求を見てとることは可能だろう。都市伝説の解釈は因果という形で現れることが多いが、因果とは、物事の存在する理由である。それは、つまり存在意義にも似たものである。都市伝説には、物事の意味を見いだして、安心したいという欲求が隠れているのかもしれない。あるいは解釈を許さないものに囲まれているので、それにたいする無意識の抵抗として、都市伝説は現れたのかもしれない。いずれにせよ現代のアメリカ人たちが自分たちを取り囲むもののなかに、隠された意味やコードを探しだそうとする傾向が強いということはおそらく事実だろう。そういえば、アメリカ人たちは陰謀について語るのがじつに好きである。共産主義者の陰謀、ユダヤ人の陰謀、黄禍、黒禍、宇宙人等々。ニューイングランドの人々は、落雷にあたった者の生活のなかに罪を探しだし、因果を読みとったわけであるが、二十世紀のアメリカ人たちも、心性においては、さほど変わっていないのかもしれない。

さて、ウィリアム・ジェイムズが何故プラグマティズムを唱えたか、ここに至って、その理由は明らかになったのではないだろうか。つまりそれはアメリカがプラグマティズムというものを必要としたからである。プラグマティズムはアメリカがいかに反プラグマティックで、人の窺いしれぬ驚異に満ちた国であるかの証左となろう。

本書はアメリカのブラウン大学のギリシア語学科とラテン語学科の学科長という要職を務めたベンジャミン・クロッカー・クロウ Benjamin Crocker Clough (1888-?) が一九四七年に篤実な出版社クノップフ社から上梓した *The American Imagination at Work:*

Tall tales and Folk Tales の抄訳である。同書はクロウ教授が民俗学的興味に衝き動かされて手ずから集めたパンフレット、新聞雑誌の記事、小説などを収めた大部のアンソロジーで、全訳すると四百字詰め原稿用紙で優に二千五百枚は越えるかと思われる大冊である。抄訳という形で読者に提供せざるを得ないのは残念であるが、種々の事情により、それがやむを得ない選択でもあったことを、御理解願えれば幸いである。

訳者紹介（掲載順）

西崎　憲（にしざき・けん）
1955年生まれ。青森県立鰺ヶ沢高校卒業。英米文学翻訳家。アンソロジスト。
金井　真弓（かない・まゆみ）
1962年生まれ。法政大学文学部英文学科卒業。
竹迫　洋子（たけさこ・ようこ）
1949年生まれ。実践女子大学文学部英文学科卒業。
中島　朋子（なかじま・ともこ）
1942年生まれ。早稲田大学第一文学部英文科卒業。
佐々木　恵（ささき・めぐみ）
1969年生まれ。大妻女子短期大学英文科卒業。
樫尾　千穂（かしお・ちほ）
1969年生まれ。清泉女子大学文学部英文学科卒業。
中村　理子（なかむら・あやこ）
1970年生まれ。明治大学文学部卒業。
柴崎　美那子（しばさき・みなこ）
1959年生まれ。東京女子大学卒業。共訳書に『怪奇小説の世紀』（国書刊行会）。
和歌山　友子（わかやま・ともこ）
1954年生まれ。武蔵野美術大学卒業。訳書『「これじゃダメだ」と思っているあなたに』（ヘルスワーク協会）、著書『人見知りの野菜たち』（フレーベル館）ほか。
沓沢　清治（くつざわ・せいじ）
1928年生まれ。上智大学経済学部卒業。
東田　昌子（とだ・まさこ）
1948年生まれ。法政大学第二文学部教育学科卒業。
味村　明子（みむら・あきこ）
1967年生まれ。武蔵野女子大学文学部日本文学科卒業。
松永　直子（まつなが・なおこ）
1966年生まれ。エマニュエルカレッジ社会学科卒業。

本書はちくま文庫のオリジナル編集である。

ギリシア悲劇（全4巻）
シェイクスピア

荒々しい神の正義、神意と人間性の調和、人間の激情と心理。三大悲劇詩人（アイスキュロス、ソポクレス、エウリピデス）の全作品を収録する。

シェイクスピア全集（刊行中）
松岡和子訳

シェイクスピア劇、待望の新訳刊行！　普遍的な魅力を備えた戯曲を、生き生きとした日本語で。詳細な注、解説、日本での上演年表をつける。

「もの」で読む入門シェイクスピア
松岡和子

シェイクスピア劇に登場する「もの」から、全37作品の意図が克明に見えてくる。「世界で最も親しまれている古典」のやさしい楽しみ方。（安野光雅）

ガルガンチュアとパンタグリュエル（全5巻）
フランソワ・ラブレー
宮下志朗訳

フランス・ルネサンス文学の記念碑的大作。〈知〉の一大転換期の爆発的エネルギーと感動をつたえる画期的新訳。第64回読売文学賞研究・翻訳賞受賞作。

バートン版 千夜一夜物語（全11巻）
大場正史訳
古沢岩美・絵

めくるめく愛と官能に彩られたアラビアの華麗な物語――奇想天外の面白さ、世界最大の奇書の名訳による決定版。鬼才・古沢岩美の甘美な挿絵付。

レ・ミゼラブル（全5巻）
ユゴー
西永良成訳

慈愛あふれる司教との出会いによって心に光を与えられ、ジャン・ヴァルジャンは新しい運命へと旅立つ――叙事詩的な長篇を読みやすい新訳でおくる。

荒涼館（全4巻）
C・ディケンズ
青木雄造他訳

上流社会、政界、官界から底辺の貧民、浮浪者まで巻き込んだ因縁の訴訟事件。小説の面白さをすべて盛り込み壮大なスケールで描いた代表作。（青木雄造）

高慢と偏見（上）
ジェイン・オースティン
中野康司訳

互いの高慢さから偏見を抱いて反発しあう知的な二人がやがて真実の愛にめざめてゆく……絶妙な展開で深い感動をよぶ英国恋愛小説の名作の新訳。

高慢と偏見（下）
ジェイン・オースティン
中野康司訳

互いの高慢からの偏見が解けはじめ、聡明な二人は急速に惹かれあってゆく……。あふれる笑いと絶妙の展開で読者を酔わせる英国恋愛小説の傑作。

分別と多感
ジェイン・オースティン
中野康司訳

冷静な姉エリナーと、情熱的な妹マリアン。好対照をなす姉妹の結婚への道を描くオースティンの永遠の傑作。読みやすくなった新訳で初の文庫化。

説得
ジェイン・オースティン　中野康司訳
まわりの反対で婚約者と別れたアン。しかし八年後思いがけない再会が。繊細な恋心をしみじみと描くオースティン最晩年の傑作。読みやすい新訳。

ジェイン・オースティンの読書会
カレン・ジョイ・ファウラー　中野康司訳
6人の仲間がオースティンの作品で毎月読書会を開く。個性的な参加者たちが小説を読み進める中で、それぞれの身にもドラマティックな出来事が——。

キャッツ
T・S・エリオット　池田雅之訳
劇団四季の超ロングラン・ミュージカルの原作新訳版。あまのじゃく猫におちゃめ猫、猫の犯罪王に鉄道猫。15の物語とカラーさしえ14枚入り。

ソーの舞踏会
バルザック　柏木隆雄訳
名門貴族の美しい末娘は、ソーの舞踏会で理想の男性と出会うが身分は謎だった……驕慢な娘の悲劇を描く表題作に、『夫婦財産契約』『禁治産』を収録。

オノリーヌ
バルザック　大矢タカヤス訳
理想的な夫を突然捨てて出奔した若妻と、報われぬ愛を注ぎつづける夫の悲劇を語る名編『オノリーヌ』、『捨てられた女』『二重の家庭』を収録。

暗黒事件
バルザック　柏木隆雄訳
フランス帝政下、貴族の名家を襲う陰謀の闇——凛然と挑む美姫を軸に、獅子奮迅する従僕、冷酷無残の密偵、皇帝ナポレオンも絡む歴史小説の白眉。

エドガー・アラン・ポー短篇集
エドガー・アラン・ポー　西崎憲編訳
ポーが描く恐怖と想像力の圧倒的なパワーは、時を超え深い影響を与え続ける。よりすぐりの短篇7篇を新訳で贈る。巻末に作家小伝と作品解説。

ボードレール全詩集Ⅰ
シャルル・ボードレール　阿部良雄訳
詩人として、批評家として、思想家として、近年重要度を増しているボードレールのテクストを世界的な学者の個人訳で集成する初の文庫版全詩集。

ランボー全詩集
アルチュール・ランボー　宇佐美斉訳
束の間の生涯を閃光のようにかけぬけた天才詩人ランボー——稀有な精神が紡いだ清冽なテクストを、世界的ランボー学者の美しい新訳でおくる。

ロートレアモン全集（全1巻）
ロートレアモン（イジドール・デュカス）　石井洋二郎訳
高度に凝縮された反逆と呪詛の叫びと静謐な慰藉の響き——24歳で夭折した謎の詩人の、極限に紡がれた作品を一冊に編む。第37回日本翻訳出版文化賞受賞。

動物農場
ジョージ・オーウェル　開高健訳
自由と平等を旗印に、いつのまにか全体主義や恐怖政治が社会を覆っていく様を痛烈に描き出す。『一九八四年』と並ぶG・オーウェルの代表作。

ヘミングウェイ短篇集
アーネスト・ヘミングウェイ　西崎憲編訳
ヘミングウェイは弱く寂しい男たち、冷静で寛大な女たちを登場させ「人間であることの孤独」を描く。繊細で切れ味鋭い14の短篇を新訳で贈る。

カポーティ短篇集
T・カポーティ　河野一郎編訳
妻をなくした中年男の一日を、一抹の悲哀をこめ、ややユーモラスに描いた本邦初訳の「楽園の小道」他、選びぬかれた11篇。文庫オリジナル。

イギリスだより
カレル・チャペック旅行記コレクション
カレル・チャペック　飯島周編訳
風俗を描かせたら文章も絵もピカ一のチャペック。イングランド各地をまわった楽しいスケッチ満載で、今も変わらぬイギリス人の愛らしさが冴える。

コスモポリタンズ
サマセット・モーム　龍口直太郎訳
舞台はヨーロッパ、アジア、南島から日本まで。故国を去って異郷に住む〝国際人〟の日常にひそむ事件のかずかず。珠玉の小品30篇。（小池滋）

女ごころ
サマセット・モーム　尾崎寔訳
美貌の未亡人メアリーとタイプの違う三人の男の恋の駆け引きは予期せぬ展開を迎える。第二次大戦前夜のイタリアを舞台にしたモームの傑作を新訳で。

バベットの晩餐会
I・ディーネセン　桝田啓介訳
バベットが祝宴に用意した料理とは……。一九八七年アカデミー賞外国語映画賞受賞作の原作と遺作「エーレンガート」を収録。（田中優子）

エレンディラ
G・ガルシア＝マルケス　鼓直／木村榮一訳
大人のための残酷物語として書かれたといわれる中・短篇。「孤独と死」をモチーフに、大著『族長の秋』につらなるマルケスの真価を発揮した作品集。

素粒子
ミシェル・ウエルベック　野崎歓訳
人類の孤独の極北にゆらめく絶望的な愛——二人の異父兄弟の人生をたどり、希薄で怠惰な現代の一面を描き上げた、鬼才ウエルベックの衝撃作。

スロー・ラーナー［新装版］
トマス・ピンチョン　志村正雄訳
著者自身がまとめた初期短篇集。「謎の巨匠」がみずからの作家生活を回顧する序文を付した話題作。驚異に満ちた世界。（高橋源一郎、宮沢章夫）

競売ナンバー49の叫び　トマス・ピンチョン　志村正雄 訳

「謎の巨匠」の暗喩に満ちた迷宮世界。突然、大富豪の遺言管理執行人に指名された主人公エディパの物語。郵便ラッパとは？（巽孝之）

お菓子の髑髏　レイ・ブラッドベリ　仁賀克雄 訳

若き日のブラッドベリが探偵小説誌に発表した作品のなかから選ばれた15篇。ブラッドベリらしい、ひねりのきいたミステリ短篇集。

ブラウン神父の無心　G・K・チェスタトン　南條竹則／坂本あおい訳

ホームズと並び称される名探偵「ブラウン神父」シリーズを鮮烈な新訳で。「木の葉を隠すなら森のなか」などの警句と逆説に満ちた探偵譚。（高沢治）

生ける屍　ピーター・ディキンスン　神鳥統夫 訳

独裁者の島に派遣された薬理学者フォックス。秘密警察が跳梁し、魔術が信仰される島で陰謀に巻き込まれ……。幻の小説、復刊。（岡和田晃／佐野史郎）

コンパス・ローズ　アーシュラ・K・ル＝グウィン　越智道雄 訳

物語は収斂し、四散する。ジャンルを超えた20の短篇が紡ぎだす豊饒な世界。「精神の海」を渡る航海者のための羅針盤。（石堂藍）

郵便局と蛇　A・E・コッパード　西崎憲 編訳

日常の裏側にひそむ神秘と怪奇を淡々とした筆致で描く、孤高の英国作家の詩情あふれる作品集。新訳一篇を追加し、巻末に訳者による評伝を収録。

氷　アンナ・カヴァン　山田和子 訳

氷が全世界を覆いつくそうとしていた。私は少女の行方を必死に探し求める。恐ろしくも美しい終末のヴィジョンで読者を魅了した伝説的名作。

〝少女神〟第9号　フランチェスカ・リア・ブロック　金原瑞人 訳

少女たちの痛々しさや強さをリアルに描き出し、全米の若者を虜にした最高に刺激的な〈9つの物語〉。大幅に加筆修正して文庫化。（山崎まどか）

短篇小説日和　西崎憲 編訳

短篇小説は楽しい！　大作家から忘れられたマイナー作家の小品まで、英国らしさ漂う一風変わった傑作を集めました。巻末に短篇小説論考を収録。

怪奇小説日和　西崎憲 編訳

怪奇小説の神髄は短篇にある。ジェイコブズ「失われた船」、エイクマン「列車」など古典的怪談から異色短篇まで18篇を収めたアンソロジー。

ケルトの神話
井村君江

古代ヨーロッパの先住民族ケルト人が伝え残した幻想的な神話の数々。目に見えない世界を信じ、妖精たちと交流するふしぎな民族の源をたどる。

ケルト妖精物語
W・B・イエイツ編
井村君江編訳

群れなす妖精もいれば一人暮らしの妖精もいる。不思議な世界の住人達がいきいきと甦る。イエイツが贈るアイルランドの妖精譚の数々。

ケルトの白馬／ケルトとローマの息子
ローズマリー・サトクリフ
灰島かり訳

ブリテン・ケルトもの歴史ファンタジーの第一人者による珠玉の少年譚。実在の白馬の遺跡をモチーフにした代表作ほか一作。（荻原規子）

炎の戦士クーフリン／黄金の騎士フィン・マックール
ローズマリー・サトクリフ
灰島かり／金原瑞人／久慈美貴訳

神々と妖精が生きていた時代の物語。かつてエリンと言われた古アイルランドを舞台に、ケルト神話に名高いふたりの英雄譚を1冊に。（井辻朱美）

星の王子さま
サン＝テグジュペリ
石井洋二郎訳

飛行士と不思議な男の子。きよらかな二つの魂の出会いと別れを描く名作——透明な悲しみが読むものの心にしみとおる、最高度に明快な新訳でおくる。

不思議の国のアリス
ルイス・キャロル
柳瀬尚紀訳

おなじみキャロルの傑作。子どもむけにおもねらず、ことば遊びを含んだ、透明感のある物語を原作の香気そのままに日本語に翻訳。（楠田枝里子）

オーランドー
ヴァージニア・ウルフ
杉山洋子訳

エリザベス女王お気に入りの美少年オーランドー、ある日目をさますと女になっていた——4世紀を駆ける万華鏡ファンタジー。（小谷真理）

猫語の教科書
ポール・ギャリコ
灰島かり訳

ある日、編集者の許に不思議な原稿が届けられた。それはなんと、猫が書いた猫のための「人間のしつけ方」の教科書だった……⁉（大島弓子）

ほんものの魔法使
ポール・ギャリコ
矢川澄子訳

世界の魔術師がつどう町マジェイアに、ある日、犬をつれた一人の男が現れた。どうも彼は〝本物〟らしい。ユーモア溢れる物語。（井辻朱美）

トーベ・ヤンソン短篇集
トーベ・ヤンソン
冨原眞弓編訳

ムーミンの作家にとどまらないヤンソンの作品の奥行きと背景を伝える短篇のベスト・セレクション。「愛の物語」「時間の感覚」「雨」など、全20篇。

誠実な詐欺師　トーベ・ヤンソン　冨原眞弓訳

〈兎屋敷〉に住む、ヤンソンを思わせる老女性作家。彼女に対し、風変わりな娘がめぐらす長いたくらみとは？　傑作長編がほとんど新訳で登場。

火星の笛吹き　レイ・ブラッドベリ　仁賀克雄訳

本邦初訳の処女作「ホラーボッケンのジレンマ」を含む、若きブラッドベリの初期スペース・ファンタジーの傑作20篇を収録。（服部まゆみ）

クマのプーさん エチケット・ブック　A・A・ミルン　高橋早苗訳

『クマのプーさん』の名場面とともに、プーが教えるマナーとは？　思わず吹き出してしまいそうな可愛らしい教えたっぷりの本。（浅生ハルミン）

ムーミンのふたつの顔　冨原眞弓

児童文学の他に漫画もアニメもあるムーミン。媒体や時期で少しずつ違うその顔を丁寧に分析し、本質に迫る。トリビア情報も満載。（梨木香歩）

ムーミンを読む　冨原眞弓

ムーミンの第一人者が一巻ごとに丁寧に語る、ムーミン物語の魅力！　徐々に明らかになるムーミン一家の過去や仲間たち。ファン必読の入門書。

クラウド・コレクター〈手帖版〉　クラフト・エヴィング商會

得体の知れない機械、奇妙な譜面や小箱、酒の空壜……。不思議な国アゾットへの驚くべき旅行記。単行本版に加筆、イラスト満載の〈手帖版〉。

すぐそこの遠い場所　クラフト・エヴィング商會　坂本真典・写真

遊星オペラ劇場、星屑膏薬、夕方だけに走る小列車、雲母の本……。茫洋とした霧の中にあるような、懐かしい国アゾットの、永遠に未完の事典。

らくだこぶ書房21世紀古書目録　クラフト・エヴィング商會　坂本真典写真

ある日、未来の古書目録が届いた。注文してみると摩訶不思議な本が次々と目の前に現れた。想像力と創造力を駆使した奇書、待望の文庫版。

ないもの、あります　クラフト・エヴィング商會

堪忍袋の緒、舌鼓、大風呂敷……よく耳にするが、一度として現物を見たことがない物たちを取り寄せてお届けする。文庫化にあたり新商品を追加。

百鼠　吉田篤弘

僕らは空の上から物語を始める、神様でも天使でもないけれど。笑いと悲しみをくぐりぬける三つの小さな冒険が、この世ならぬ喜びを届けます。

日本美術応援団　赤瀬川原平／山下裕二

雪舟の「天橋立図」凄いけどどこかヘン⁉　光琳にはなくて宗達にはある〝乱暴力〟とは？　教養主義にとらわれない大胆不敵な美術鑑賞法‼

路上観察学入門　赤瀬川原平／藤森照信／南伸坊編

マンホール、煙突、看板、貼り紙……路上から観察できる森羅万象を対象に、街の隠された表情を読みとる方法を伝授する。（とり・みき）

私の好きな曲　吉田秀和

永い間にわたり心の糧となり魂の慰藉となってきた、最も愛着の深い音楽作品について、その魅力を語る、限りない喜びにあふれる音楽評論。（保苅瑞穂）

世界の指揮者　吉田秀和

フルトヴェングラー、ヴァルター、カラヤン……演奏史上に輝く名指揮者28人に光をあて、音楽の特質と魅力を論じた名著の増補版。（二宮正之）

グレン・グールド　青柳いづみこ

20世紀をかけぬけた衝撃の演奏家の遺した謎をピアニストの視点で追い究め、ライヴ演奏にも着目、つねに斬新な魅惑と可能性に迫る。（小山実稚恵）

小津安二郎と「東京物語」　貴田庄

小津安二郎の代表作「東京物語」はどのように誕生したのか？　小津の日記や出演俳優の発言、スタッフの証言などをもとに迫る。文庫オリジナル。

マジメとフマジメの間　岡本喜八

過酷な戦争体験を喜劇的な視点で捉えた岡本喜八。創作の原点である戦争と映画への思いを軽妙な筆致で描いたエッセイ集。巻末インタビュー＝庵野秀明

加藤泰、映画を語る　加藤泰　山根貞男／安井喜雄編著

任侠映画・時代劇などで映像美の頂点を極めた加藤泰。伊藤大輔や山中貞雄への思いや、映画について語った講演の数々。文庫化に際し増補した決定版。

新トラック野郎風雲録　鈴木則文

映画「トラック野郎」全作の監督が、撮影の裏話、本物のトラック野郎たちとの交流をつづったエッセイ集。文庫オリジナル。（掛札昌裕）

演出術　蜷川幸雄　長谷部浩

演出家蜷川幸雄が代表作とその創作過程、それぞれの作品に込めた思いや葛藤を、細部にわたるまであますことなく語る。たぐいまれなる才能の源に迫る。

沈黙博物館　小川洋子

「形見じゃ」老婆は言った。死の完結を阻止するために形見が盗まれる。死者が残した断片をめぐるやさしくスリリングな物語。（堀江敏幸）

星間商事株式会社社史編纂室　三浦しをん

二九歳「腐女子」川田幸代、社史編纂室所属。恋の行方も友情の行方も五里霧中。仲間と共に「同人誌」を武器に社の秘められた過去に挑む!?（金田淳子）

通天閣　西加奈子

このしょーもない世の中に、救いようのない人生に、ちょっぴり暖かい灯を点す驚きと感動の物語。第24回織田作之助賞大賞受賞作。（津村記久子）

この話、続けてもいいですか。　西加奈子

ミッキーこと西加奈子の目を通すと世界はワクワク、ドキドキ輝く。いろんな人、出来事、体験がてんこ盛りの豪華エッセイ集！（中島たい子）

水辺にて　梨木香歩

川のにおい、風のそよぎ、木々や生き物の息づかい。カヤックで水辺に漕ぎ出すと見えてくる世界を、物語の予感いっぱいに語るエッセイ。（酒井秀夫）

ピスタチオ　梨木香歩

棚（たな）がアフリカを訪れたのは本当に偶然だったのか。不思議な出来事の連鎖から、水と生命の壮大な物語「ピスタチオ」が生まれる。（管啓次郎）

冠・婚・葬・祭　中島京子

人生の節目に、起こったこと、出会ったひと、考えたこと。冠婚葬祭を切り口に、鮮やかな人生模様が描かれる。第143回直木賞作家の代表作。（瀧井朝世）

図書館の神様　瀬尾まいこ

赴任した高校で思いがけず文芸部顧問になってしまった清（きよ）。そこでの出会いが、その後の人生を変えてゆく。鮮やかな青春小説。（山本幸久）

僕の明日を照らして　瀬尾まいこ

中2の隼太に新しい父が出来た。優しい父はしかしDVする父でもあった。この家族を失いたくない！隼太の闘いと成長の日々を描く。（岩宮恵子）

君は永遠にそいつらより若い　津村記久子

22歳処女。いや「女の童貞」と呼んでほしい――。日常の底に潜むうっすらとした悪意を独特の筆致で描く。第21回太宰治賞受賞作。（松浦理英子）

ちくま文庫

アメリカの奇妙な話1
巨人ポール・バニヤン

二〇〇〇年十月　十　日　第一刷発行
二〇一八年六月二十五日　第二刷発行

編　者　ベン・C・クロウ
監訳者　西崎　憲（にしざき・けん）
発行者　山野浩一
発行所　株式会社　筑摩書房
東京都台東区蔵前二―五―三　〒一一一―八七五五
振替〇〇一六〇―八―四一二三
装幀者　安野光雅
印刷所　中央精版印刷株式会社
製本所　中央精版印刷株式会社

乱丁・落丁本の場合は、左記宛にご送付下さい。
送料小社負担でお取り替えいたします。
ご注文・お問い合わせも左記へお願いします。
筑摩書房サービスセンター
埼玉県さいたま市北区櫛引町二―六〇四　〒三三一―八五〇七
電話番号　〇四八―六五一―〇〇五三

ISBN4-480-03593-1 C0197